죽고 싶다는 마음은
사라지지 않겠지만

죽고 싶다는 마음은 사라지지 않겠지만

20대에 얻은 지견

F 지음

레드스톤

사람들은 현 시대를 '최악의 시대'라고 한다.
'외로운 시대'라고 말하는 사람도, '이간질의 시대'라고 말하는 사람도 있다.
아무도 만나지 않고 집에 혼자 있는 것이 새로운 정의가 되었다. 여전히 거리로 뛰쳐나가 경제를 회전시키는 정의도 있다. 두 개의 정의는 평행을 이루며 대립한다.
우리 대부분은 어느 쪽으로도 선을 넘지 않는다. 그리하여 어떤 상황에 있든 꺼림칙함이 남는다. 언제부턴가 즐거운 일이 있어도, 힘든 일이 있어도 타인에게 말하기 힘들어졌다.

"사실 나 같은 건 세상에서 없어져도 상관없단 걸 들킬까 봐 두려워."
새벽 3시, 감춰두었던 속마음을 내보인 것은, 내가 마음속 깊이 사랑하던 한 신주쿠 바의 주인이었다.
"그렇지 않아요." 나는 위로했지만, 그 바는 올해 여름을 맞기

전에 남모르게 사라졌다.

슬프게도, 온라인 회식에서 그와 완전히 똑같은 말을 다시 한 번 듣게 되었다. 삿포로에 연인을 둔 도쿄에 사는 친구가 그 말을 입에 올린 것이다. 나는 스크린 너머로 아무런 맞장구도 칠 수 없었다.

그런 밤에는 재치 있는 혼잣말도, 세련되고 눈부신 15초짜리 동영상도, 텔레비전도, 구독 콘텐츠도 허무하기만 하다. 당장이라도 대화를 나누고 싶지만 나눌 수 없고, 만지고 싶지만 만질 수 없고, 만나고 싶지만 만날 수 없다.

꿈은 이루어지지 않는다. 노력은 보상해 주지 않는다. 믿었던 말에는 배신당한다. 영원이라고 믿고 싶었던 것들은 그 무엇도 영원하지 않았다. 아니, 사실은 중요한 무언가가 언제고 사라질 것 같은 예감을 깊은 한숨과 함께 받아들이려고 하고 있었다. 아무래도 좋다고 생각한 것이야말로 아무래도 좋지 않은 것, 사랑스러운 것이라는 사실을 내심 깨닫고 있었으니까.

우리가 지키려는 것은 우리를 고독하게도 한다. 무엇이 옳은지 아무도 알 수 없다.

하지만 나는 생각한다.

사실은 훨씬 전부터 그랬던 것 아닌가. 20대는 본래 '최악의 시기', '외로운 시기', '이간질의 시기'가 아니었는가.

*

예전에 "20대 인생의 질은, 우연히 만난 말로 정해진다."라는 문장이 쓰여 있는 책을 본 적이 있다. 생각해 보면 인생에 고품질, 저품질 같은 게 있을 리 없다. 사실, 미래고 나발이고 없다. 그러나 당시 나는 젊었고, 어리석었고, 오만했다. '인생의 질을 높일 수만 있다면'이란 생각으로 수만 권의 책을 읽어댔다.

하지만 지금 아무리 인생을 되돌아보아도, 한 사람의 인생이 우연히 만난 말로 결정된다는 생각에는 찬성할 수 없다. 예금액으로 결정된다고도, 연애나 결혼으로 결정된다고도 생각하지 않는다.

한 사람의 인생은, 어느 날 밤 친구와 전화로 나누던 이야기, 연인이 어느 순간 뱉어낸 말, 바에서 우연히 옆에 앉은 사람이 해준 그날 밤만의 이야기, 어떤 구원도 없는 도시의 경치, 혹은 특별하지도 않은 밤길에 내리는 비처럼 자기의 전신을 꿰뚫는 말할 수 없는 깨달음……. 그러한 것들에 의해 결정되는 게 아닐까. 아무 짝에도 쓸데없는 이야기라도 직접 만나서 하고 싶은, 그런 상대야말로 내게 가장 소중한 사람이 아닐까.

20대의 인생은 잊을 수 없는 편린과 몇몇 만남, 언제 마음이 움직였느냐에 따라 결정된다. 나는 그 편린들에 '20대에 얻은 지견'이라는 이름을 붙이기로 했다.

누구라도 하나쯤, 아무에게도 말하지 않기로 결정한, 화사하고 사치스러운 비밀이 있는 법이다. 혹은 덜 마른, 애처로운, 상흔과 같은 교훈, 이야기가……. 그리고 그런 것들은 인터넷에는 올라오지 않는다.

*

"20대에 알아두면 좋은 게 뭐가 있을까요?"

나는 수백 명에게 이 질문을 해댔다. 유명인, 무명인, 기업인, 무직자, 말기 암 환자, 선인, 악인, 범죄자 등 일절 상관없이 묻고 또 물었다.

나의 편린과 그들의 편린을 모은 것이 지금 당신의 손에 들려 있는 이 책이다.

이 책이 어떤 식으로든 도움이 된다면 내게 큰 영광일 것이다.

어떤 도움도 되지 않는다면 더욱 영광이다.

자, 장황한 서문은 이쯤 해두자.

밤은 영원하다. 하지만 상냥하지는 않다. 그리고 우리에게는 시간이 없다.

여자든 남자든 위스키는 스트레이트로 마시자. 그리고 바라건대 좋은 밤을. 신주쿠보다 조촐한 사랑을.

차례

2장 현실에 관한 몇 개의 노골적인 사실

3장 안티 안티로맨틱

1장

불완전으로부터의 출발

001

20대에 자신감은 필요 없다

20대에 자신감 따위는 필요 없다.
자신감이 없으니까 공부해야겠다는 생각을 한다. 자신감이 없으니까 남들의 잘난 점이 보이고, 그 장점을 흉내 내려고 하고, 훔치려고도 하고, 스스로를 고치고 싶다는 생각을 한다. 자신감이 없으니까 눈앞의 상대를 웃게 만들고 싶고, 상대의 기쁨이 되고 싶다고 생각한다. 자신감이 없으니까 무엇이든 하려고 한다. 그 과정에서 따가운 눈길, 매서운 눈길을 마주할 것이다. 하지만 무수한 실패의 지식과 경험의 총체가 재치가 되고, 불변의 근거가 되고, 부동의 자신이 된다.
뭐든 자신만만한 사람을 동경하지 않아도 된다. 지금 빛나는 것, 눈부신 것을 동경하지 않아도 된다. 질투하지 않아도 된다. 오늘의 유행 따위 다음 달에는 아무도 기억하지 않는다.

같은 이유로, 1등에 매달릴 필요도 없다. 재미있는 2등이 꽤 길게 가기도 하니까.
죽는 순간 '아아, 즐거웠다'라는 생각이 든다면, 그것만큼 이상적인 죽음이 또 있을까. 자신감도 마찬가지이다. 죽는 순간까지 자신감 따위 없어도 된다. 자신감이 없으니까 더욱 날뛰고 발버둥 칠 수 있다.
20대에 자신감은 필요 없다. 자기 확신이 없는 것이 최대의 무기가 되니까.

002

내일 우리는 지쳐버릴지도 몰라

내가 모아온 '20대에 얻은 지견'에서 특별히 마음에 드는 말들이 있다.

죽고 싶어지면 자라.
자도 해결되지 않는 문제는 글로 써라.
어른도 어른이 뭔지 모른다.
기대하지 않는 게 편하지만, 지루함은 생활의 독이다.
영원은 존재하지 않지만, 영원과 같은 순간은 모을 가치가 있다.

더 있다.

내일 죽을지도 모르니 더욱 열심히 살아야 한다.

죽음 자체는 그리 드라마틱하지 않다.

지금 내 물건이 유품이 된다.

그러니까 갖고 싶은 건 바로 사라.

습관적인 저금에 의미 따위는 없다.

이외에 '말보다 행동으로 사람을 보자' 같은 지견도 있지만, 상황에 따라 매우 다르게 적용되기 때문에 조금 생각해 볼 문제이다. 타인의 행동에는 눈에 보이는 것과 눈에 보이지 않는 것이 있다. 조용한 기도 같은 것도 있겠지만, 누군가에게 거는 저주 같은 것도 있을 테다. 누구나 SNS에서 타인에게 드러내는 상반신이 있지만, 결코 보여주지 않는 하반신에 본심이 있지 않은가. 본심은 내 머릿속에만 있다고 단언할 수 있는 이성파라면, 그건 또 그것대로 좋다.

본성파도 이성파도 그래서 더욱 '눈에 보이지 않는 것'을 믿어야 한다.

그 직감과 도박 또한 중요하다. 그것이야말로 인간의 본질이기에.

그건 그렇고, 도대체 '좋아한다'는 건 뭘까? '사랑'이라는 건 뭘까?
무슨 이유에서인지 젊은이들이 하고 싶어 하는 '동거'나 '결혼'이란 건 뭘까?
우리는 혼자라도 살아갈 수 있다. 그런데도 왜 누군가와 함께 살고 싶어 하는 것일까?

어쨌거나 자신의 온 마음을 바쳐도 좋을 만큼 특별한 이와 만나고 싶다면, 친구나 유행을 좇는 그룹들과 무리지어 다녀서는 안 된다. 그러면 더욱 고독해진다. 당장 벗어날 수 없다면, 급한 대로 계속 소리쳐라. "내가 여기에 있다!"고.

003

절망하지 마.
그러나 서둘러야 해

호의는 빨리 전하는 게 좋다. 왜냐하면 바로 사라져버리니까.

갖고 싶은 건 바로 사는 게 좋다. 물욕에도 유통기한이 있으니까.

돈가스는 젊었을 때 실컷 먹어두는 게 좋다. 언제든 먹을 수 있게 되었을 즈음에는 그렇게 좋아하던 메뉴가 버거워진다.

죽고 싶다는 마음은 사라지지 않는다. 그러니까 단념하고 길들이는 게 낫다.

004

가장 아픈 추억이
그래도 가장 아름답다

좋아하는 장소에서 좋아하는 일을 좋아하는 만큼 하고 있는, 그런 당신을 좋아해 주는 사람을 무엇보다 소중히 대하자. 최우선으로 여기자. 까치발로 선 당신을 좋아해 줘 봤자 무슨 영광이 있겠는가. 상대방을 정중히 거절한다 해도 언제까지고 결말은 나지 않는다. 있는 그대로, 거짓을 말하지 않고, 감추지 않고, 당당하게 날뛰고, 좋고 싫음을 확실히 하자. 그것이 20대의 대전제이다.

동화 속 공주도 왕자도 없다.

그래도 어딘가에 특별한 한 사람이 있다. 같은 종류의 영혼을 가진, 고독한 사람이 있다.

그 한 사람과 만날 때까지는 일단 혼자서 살아남아야 한다. 그런 한 사람을 만나기까지는 알지도 못하는 말을 계속 지껄여도 좋다. 사랑받는 것조차 질렸다면 지갑과 스마트폰만 들고 언제든 계획 없는 여행을 떠나도 좋다.

가장 아픈 추억이 그래도 가장 아름답다.

005

완벽주의자는 미켈란젤로만으로 충분하다

"인생에서 가장 후회하는 일이 무엇인가요?" 60대 지인에게 물었다.

"언젠간 외국에 가야지, 언젠가는 꽃꽂이도 배워야지…… 막연히 그런 생각을 했던 시절이 있었어. 하지만 취직해서 돈 벌다 결혼하고, 아이를 낳아 육아에 시달리다 보니, 돈도 시간도 체력도 여유도 바람처럼 사라지더라고. '언젠가'는 오지 않는다는 걸 알게 되었지. '외국어를 배운 다음에'라든가, '돈에 여유가 생긴 다음에'라든가…… 그런 날은 오지 않아. 생각한 그날, 그 순간 움직였으면 좋았을걸. 아무리 불완전해도, 불완전한 그대로 움직였어야 했던 거야."

그 말이 마음에 와 닿았다. '사전 완벽주의'에 빠지면 한 발짝도

움직이지 못하게 되는 법이다. 내게도 그런 날들이 있었다.

베스트 타이밍은 영원히 오지 않는다. '자, 이제 당신 차례입니다!'같은, 완벽히 준비된 상황은 웬만해서는 오지 않는다. 필요한 것은 현지에서 조달하는 수밖에 없다. 그때그때 필요한 것을 조달하면서 달려가는 수밖에 없다. 문을 두드리며 가는 수밖에 없다. 아무래도 인생은 그런 것인가 보다.

"본능대로 움직여!" 그뿐이다.

006

코드 위반, 그 틈의 섹시함

'섹시함이란 뭘까?'에 대해 생각하곤 했는데, 최근 '본인이 사수하고 싶은 코드가 무너진 순간, 우연히 분출되는 것'이라는 결론에 달했다. 코드에는 언어, 복장, 태도 등이 포함된다.

섹시함이란 그런 코드의 '어쩔 수 없는 위반' 같은 게 아닐까?

가령 완벽한 존칭어를 쓰는 사람의 입에서 갑자기 튀어나온 다소 거친 말, 흐트러진 정장 치맛자락, 말끔한 양복 차림의 남자가 슬쩍 풀어낸 넥타이, 사별 앞에 울다 지쳐 오히려 어딘가 개운해 보이는 창백한 얼굴…… 어떤 것이든 일반적인 코드를 부순 존재들이다.

완벽을 추구하기 위해 체념할 수밖에 없었던 모습. 혹은 그 틈.

이건 얻으려고 해서 얻을 수 있는 무언가가 아니다. 오히려 완벽을 체념함으로써 얻게 되는 우발적인 것으로 보인다. 이렇게 생각하는 근거? 그런 건 없다.

향기가 눈에 보이지 않는 것과 완전히 같은 이유로.

007

소박한 사치,
리틀 블랙 드레스

사치란 꼭 싸고 비싸고의 문제가 아니다.

사치는 '분수에 넘치는 고가의 물건'이 아니라, 입으면 기분이 좋아지는, 내 몸에 맞는 옷처럼 '분수에 맞는 질 좋은 물건'이란 생각이 든다.

보석은 잃어버릴 것 같은 불안이 있기에 '보석'이겠지만, 보석 하나 목에 걸었다고 불안해지면, 그건 사치라고 할 수 없다. 손목시계도, 차도 마찬가지다. 내가 불안해지는 물건을 사치라고 할 수는 없을 것 같다. 오히려 걷기 편한 구두를 사고, 맘에 드는 리틀 블랙 드레스와 미니 백 차림으로 주말에 어디든 갈 수 있다면, 그쪽이 진정한 사치가 아닐까.

세상에 '절대적'으로 필요한 물건은 그리 많지 않은 법이니까.

008

천만 엔을 모으는 네 가지 방법

갑작스럽지만 현실적인 이야기를 해보자.

세금 떼고 천만 엔을 손에 넣고 싶다고 치자.

돈을 손에 넣기 위해서는 크게 다음의 네 가지 방법을 생각할 수 있다.

① 천만 엔을 모은 사람과 연애 또는 결혼을 해서 빨대를 꽂는다

교활하고 위풍당당한 사람들이 제일 먼저 떠올리는 방법이다. 물론 이때 천만 엔 전액이 자신의 것이 되지는 않는다. 돈과 성관계의 교환도 있을 수 있겠지만, 젊음을 잃으면 끝이다. 경합 상대는 끝이 없다.

② 월급 또는 연봉으로 모은다

불가능하지는 않다. 착실하지만 시간이 걸린다. 원하지 않는 인간관계도 맺어야 하고 스트레스도 가득일 테지만. 게다가 이러다가 ①과 같은 사람이 접근하면 더 어려워진다.

③ 싸게 사서 비싸게 파는 일을 반복한다

가령 1만 엔에 사서 2만 엔에 파는 일을 천 번 반복하면 천만 엔이 된다. 3만 엔에 산 것을 5만 엔에 판다면 500회, 10만 엔짜리를 15만 엔에 판다면 200회 만에 목표를 달성한다. 대부분의 상인이 이 이윤의 폭을 노린다. 중고 마켓에서도 가능한 일이다. 물론 독점 판매는 잘 없지만, 실제 대부분 매매의 본질은 '왼쪽에서 오른쪽으로 보내는' 그 수수료로 돌아간다.

④ 만 명에게 천 엔 정도는 아깝지 않다고 생각되는 물건을 만든다

천 명에게 만 엔이 아깝지 않은 물건, 만 명에게 천 엔이 아깝지 않은 물건, 십만 명에게 백 엔이 아깝지 않은 물건을 만들면, 원가는 일단 제쳐두고 천만 엔이 된다. ③과 비슷하지만 결정적으로 다른 것은 '팔기' 전에 '만드는' 과정이 있다는 점이다.

대부분의 사람은 ①과 ②를 생각한다.
①을 선택한 사람은 결국 '젊음이야말로 돈이 된다'고 결론을 낸다.
②를 선택한 사람은 결국 '시간이야말로 돈이 된다'고 결론을 낸다.

어느 쪽이든 훌륭하다. 그러나 젊음은 언젠가는 지고, 시간 또한 유한하다.
가치가 있다면 그것으로 만사 OK. 그렇긴 해도 ②를 선택한 사람 중에 '아침 일찍 일어나기', '만원 전철 타기', '존경하지도 않은 사람에게 머리 숙이기' 같은 일이 성향에 맞지 않는다면 지금 당장 ③이나 ④의 길을 생각해 보는 것이 좋다.
③을 선택한 사람은 결국 '사람이 귀찮다고 느끼는 것이 돈이 된다', '돈은 정보의 격차에 의해 생기는 것이다'라고 조금 독선적이고 허무한 결론을 내게 된다.
④를 선택한 사람은 결국 '사람은 자신에게 도움이 된다고 느끼는 것에 돈을 쓴다', '돈의 본질이란 감사의 마음'이라는 조금 인도주의적·박애주의적인 결론을 내게 된다.
부동산 투자나 분산 투자는 천만 엔 이하의 자금으로는 부족하

기 때문에 여기에서는 제외하겠다.

마지막으로, 아주 있을 것 같은 일을 아뢰고 이 글을 마치려 한다. '애인이나 결혼 상대는 돈 많은 사람이 좋아'란 생각을 하는 분들은, 먼저 본인이 돈을 모아야만 한다. 연애나 결혼은 본인의 자립이 먼저 전제되어야 하며, 이 최소한의 자립 없이는 로맨스도 있을 수 없다.

009

어른 같은 건 존재하지 않아

나는 '사회인'을 본 적이 없다. 마감이나 숫자에 항상 쫓기는 노동자라면 본 적이 있다. 나는 '세간'이라든가 '여론'도 본 적이 없다. 약한 사람이 더 약한 사람을 공격하거나, 질투가 정의인 척하는 상황이라면 얼마든지 본 적이 있다. 나는 '행복한 사람'을 별로 본 적이 없다. '행복한 것처럼 보이려고 항상 마음을 쓰고 있는 사람'이라면 인스타그램에서 자주 본다. 마찬가지로 나는 '아이'를 본 적이 별로 없다. '아이를 잘 연기하는 나이 어린 자'를 자주 본다.

어떤가?

어른 같은 건 존재하지 않는다. 어른도 어른이 뭔지 잘 모른다. 어른이라고 불리는 연령은 되었지만 장난기를, 동심을 전혀 잊지 않은 사람밖에 나는 본 적이 없다. 타협하려고 해도 타협이 되지 않아 날뛰는 불쌍한 사람, 그런 사람밖에 본 적이 없다.

이런 사실을 좀 더 빨리 알아챘으면 좋았을 것을.

처음부터 아이들끼리의 유대감으로 이야기했으면 좋았을 것을.

010

과잉이야말로 유일한 정의

만약 음침한 성격이라면 그 음침함을 끝까지 파고들고, '덕후' 라면 열중하는 대상을 끝까지 파고들자. 그 파고듦이 같은 부류의 친구를 불러들이고 더불어 연인도 불러들인다. 경우에 따라서는 일도 불러들인다.

세계를 중심으로 삼지 말고 나를 중심으로 삼자. '과잉'에 겁먹지 말자. 자신에게 솔직한 것이 가장 즐거운 삶의 방식이다.

'어느 쪽도 아니야', '어느 쪽을 택해야 할지 모르겠어' 같은 상황은 사실 흔한 일이다. 예를 들어 조금 외교적이지만 내향적이거나 조금 열정적인 동시에 조금 냉정한 사람은, 진짜 내향적인 사람과도 진짜 취미가 많은 사람과도 진짜 외향적인 사람과도 맞지 않아 누구보다도 고독해진다. 나 또한 축제 때 맨 앞줄로 나아가 춤추는 건 상상도 못하는, 부끄럼쟁이에 불과하다.

그러나 이런 타입 또한 '어느 쪽도 될 수 없다'는 사실을 끝까지 파고들면 된다. "나는 어느 쪽도 아니야!"라고 계속 주장하면 된다. 그러면 비슷한 인간들이 멀리서 서서히 다가온다. 그런 사람들과 함께 놀면 된다. 대화를 나누면 된다. "뭔가 재미있는 일 없을까?"라며 술잔이라도 기울이면서 말이다. 그런 사람들끼리만 즐길 수 있는 오락이 있을 것이다. 연애도 있고, 일도 있을 것이다. 그러니까 먼저 자신을 정직하게 '과잉'의 세계로 초대하자.

011

기대하지 않는 게 편하지만

기대하지 않는 삶이 영리한 거라고 인터넷 여기저기서 떠들어댄 지 오래다.

하지만 친구에게 기대하지 않고, 짝사랑 상대에게 기대하지 않고, 내일 공개하는 영화, 아직 가보지 않은 거리, 변두리 술집 주인장의 이야기에 기대하지 않으며 앞으로 50년 동안 어른스럽게 살아가란 소리를 듣는다면, 나는 기쁘게 혀를 깨물 것이다.

나는, 기대하고 싶다, 사람에게…….

물론 인간관계에서 '그건 하지 않았으면 좋겠는데', '이렇게 하면 싫은데' 같은 기대는 대부분 크게 배신당하기 마련이다. 그러나 '이렇게 하면 좋을 것 같아', '그렇게 하면 기쁠 것 같아' 같은 기대는 세세하게 입으로 옮기다 보면 가끔은 이루어지기도 한다. 내가 아는 한 미친놈은 여성을 꾈 때 "너는 왜 나한테만 이렇게 차가운 거야?" 같은 말로 상대방을 일단 곤혹스럽게 만든다고 한다. 그것 또한 사랑을 얻기 위한 자신만의 주문일 테다. 다음 달에 개봉하는 영화가 진짜 재미없을 수도 있다. 그래도 뭐 어떤가, 그 정도는 애교로 넘기자.

012

좋아한다는 건 뭘까

좋아한다는 건, 맛있는 음식을 혼자서 먹을 때 그 사람과 같이 먹고 싶단 마음이 드는 거라고 생각한다. 혹은 숨 막힐 정도로 아름다운 풍경을 보았을 때 무의식적으로 사진을 찍어서 보내는 것, 보내지 않더라도 보내지 않았다는 사실을 줄곧 기억하는 것. 같은 감동을 같은 장소에서 느끼고 싶다고 바라는 일이 내가 생각하는 '좋아한다'는 의미인 것 같다.
혹은 '편안하게 쉬고 싶다', '잊지 못할 추억을 만들고 싶다' 같은 욕구를 전부 내가 아닌 상대방이 우선인 감정으로 바라는 일 또한 '좋아한다'는 게 아닐까.

013

내 친구의 행복론

어느 날 친구가 말했다.

행복이란 크게 나눠서 두 종류가 있는 것 같아. 하나는 일상으로 돌아가기 위한 비일상의 행복. 또 하나는 비일상으로 가기 위한 일상의 행복.
잘 먹고, 잘 자고, 조금 좋은 옷을 입어. 기분이라는 걸 놀놀하게 보면 안 돼. 예쁜 귀걸이, 사고 싶은 화장품은 거침없이 사서 옆에 쟁여 놔. 내 일을 하고, 누군가 한 사람에게는 도움이 되는 사람이 되는 거야. 하루 한 번은 나쁜 짓도 해. 이것이 내 일상의 행복.
하지만 아주 가끔은 일정 따위 전부 던져버리고 지나가는 버스에 올라타기도 해. 기차도 타보고, 말없이 훌쩍 떠나보기도 하고…… 아니, 여행이 아니라도 상관없어. 해보지 않은 일을 '에라 모르겠다' 싶은 마음으로 해보는 거야. 평소에 다니던 길이 아닌 길로 접어들어 헤매기도 해. 이것이 내 비일상의 행복.

어느 쪽이든 하나가 빠지면 난 행복하지 않아.

나는 그 친구 덕분에 행복에 대해 생각하는 쓸데없는 시간을 상당 부분 줄인 것 같다.

014

소중한 사람

소중한 사람이 내게 너무나 다정하다면, 분명 나와 있을 때에 무언가를 참고 있는 것이다. 하지 않으려고 하는 행동이나 하지 않으려고 하는 말이 있다. 그 속마음을 드러내지 못하게 하는 나는 나쁘지만, 그 다정함에 내가 얼마나 구원받았는지만은 잊고 싶지 않다.

015

밤의 미열

싸구려 술에 취해 집으로 돌아가는 골목길에서 자주 이런 생각이 든다.

그렇게 좋아했던 일도, 사람도, 왜 좋아했는지는 잊어버리고……. 너무나 좋아했었다는 기억은 착실하게 남아 있는데, 그렇다면 그건 완전히 잊었다고는 말하기 어려운 건가? 이 미열은 마지막에 어디로 가는 걸까…….

그런 생각을 한다.
그 미열만으로 대화를 나누고 싶다…고.
아, 나도 내가 무슨 말을 하고 있는지 모르겠다.

✳
016

성격은 고치는 게 아니라 받아들이는 것

가령 기분이 상하로 널뛰는 성격이라면, 그 성격을 무리해서 고치기보다는 기분이 좋을 때는 해야 할 일과 하고 싶은 일을 잔뜩 해두고, 기분이 가라앉을 때는 가능한 한 더 가라앉지 않기 위한 물리적인 방지책을 충분히 확립해 두는 편이 현명하다.
우유부단한 성격이라면, 이를 고치기보다는 '내게 결정권이 없는 것에 관해서는 상관하지 않는다', '나보다 잘 아는 사람이 있다면 그에게 판단을 맡기고 나는 따른다'고 정하는 편이 낫다. 좋은 방향으로, 좀 더 나은 방식으로 사람을 쓸 수 있다.
'귀차니즘'을 고치기보다는, 어떤 일에 대해서만은 절대 방치하지 않을지 정해 놓는 편이 가진 자원을 특화하기 쉽다. '최대한 덜 귀찮으려면 어떤 방식으로 일을 진행시켜야 할까'를 특화해서 생각하면, 나를 위할 뿐 아니라 남을 위한 상황도 만들 수 있다. 결점이 결점만은 아닌 것이다.
성격은 선택할 수 없다. 선택할 수 없는 것은 가볍게 받아들이는 편이 좋다.

017

거대하고 불가결한 하나의 수수께끼

사람을 책에 비유하는 여자가 있었다.

“대부분의 사람은 간단히 읽고 끝나. 두 번 다시 읽고 싶단 생각이 들지 않거든. 그런데 아주 가끔, 마지막까지 읽히지 않는 사람이 있어. 나는 그런 사람이 좋아.”

그때 나는 솔직히 ‘무섭다’고 느꼈다.

그는 분명 모든 사람을 한순간에 읽어버릴 것이다. 물론 나도.

좋은 책이란 무엇일까? 몇 번을 읽어도 가치가 있는 책이다. 그렇다면 그런 책에는 무엇이 있을까? 불가사의가, 명확하지 않은 의미가 있다. 그 여백이 있기에 연령이나 상황에 따라 다르게 읽히는 것일 테다. 음악도 영화도 마찬가지이다.

그의 말이 떠오를 때마다 나는 좋아하는 사람에게 수수께끼를 남기는 일, 의미가 불분명한 무언가의 중요성을 생각하게 된다. 결국 우리는 모든 것을 말해주진 않는 사람에게 열중하게 되는 법이니까.

018

연애, 품위 있는 괴롭힘

연애의 목적이란 상대방에게 최고의 트라우마를 안기는 일이란 생각이 든다. 두 번 다시 추레한 모습으로 집 앞 편의점에 가지 못하게 만드는 것, 가능하면 디즈니랜드 같은 곳엔 절대 가지 않겠다고 결심하게 만드는 것. 즉 품위 있는 괴롭힘, 기억의 파괴, 한 사람으로서의 인간을 엉망으로 만드는 일.
물론 연애 책이나 사랑 노래의 가사처럼 '사귐'이란 상대방에게도 나에게도 행복을 주는 것이니, 행복하지 않다면 두말없이 헤어지면 그만이다. 그런 생각에 동의는 하지만, 그렇다고 그런 청결한 목적만으로 연애를 한다면 우리는 지루하고 답답해 죽을 것이다. 다시금 초기의 충동, 다시 말해서 악의를 풀가동하여 사랑하는 상대를 주시해 보자.

019

주의해야 하는 사람

청초한 척하는 사람일수록 나쁜 사람인 경우가 많다. 왜냐하면 나쁜 사람이라는 걸 들켜버리면 자신의 상품 가치가 떨어지니까. 나쁜 사람인 것처럼 보이는 사람일수록 순정한 경우가 많다. 인기가 많은 사람일수록 "내가 좀 인기가 많아."라고 말하지 않는 것처럼. 머리가 나쁜 사람일수록 현명한 척하고, 돈에 쪼들리는 사람일수록 허세를 부리는 것처럼. 상대를 잡아둘 자신이 없는 사람일수록 다정한 척 공공연하게 애정 행각을 내보인다. 사람은 자신에게 없는 것일수록 가진 척하려고 하니까.

그래도 그 정도는 알기 쉬우니까 아직 괜찮다. 주의해야 하는 건 무엇도 가지고 있지 않은 척, 아무것도 못 본 척, 아무것도 모르는 척하는 사람이다.

020

100만 베스트셀러 편집자의 망언

100만 부나 팔린 책을 만든, 머리 잘 돌아가는 편집자가 고풍스런 커피숍에서 당시 스무 살의 나에게 이런 이야기를 들려주었다.

"재미있는 책은 목차를 훑어보는 것만으로도 알 수 있고, 재미있는 영화는 예고편을 보는 것만으로도 알 수 있어. 무엇을 보여주고 무엇을 보여주지 않을지 단번에 알아차리게 되거든. 그래서인지 요즘은 뭘 봐도 재미없고 지루해. 패키지만으로 어떻게 인식되고 싶은지 알아버리는 시대가 되었다니까."

그는 홍차를 홀짝이며 그렇게 중년의 위기에 대한 말을 마쳤다.

당시의 나는 그에게 바로 반론을 제기할 수 없었지만, 지금이라면 이렇게 말할 수 있다.

"그렇다면 네가 만들어 봐. 네가 만들면 되잖아. 얼마든지 만들어 보라고! 남 탓하지 마. 시대의 탓이라고도 하지 마. 없는 걸 만들어! 대중이고 호평이고 다 신경 끄고 자신에게 만족스러울 만한 걸 만들어 보라고! 우리가 얼마나 지루한지 알아? 건방진 말 지껄이지 말라고!"

사는 이유 따위 없어도 살아가면 된다.

그렇게 느끼는 사람은 계속 살아갈 수 있다.

021

제0지망

꿈 같은 건 가져본 적 없다. 아니, 이건 거짓말. 어렸을 적에는 뒷골목의 제왕이나 고양이의 왕(고양이에게 최고로 사랑받는 사람)이 되고 싶다고 생각했던 것 같다. 진심으로 정계 최악의 조정자가 목표였던 적도 있다. 그것이 무리라면 용병이 되는 것도 좋겠다고 생각한 적도 있다.

대학 3학년 이후에 부서진 꿈은 정말 부끄러워서 말할 수 없다.

그러나 돌아보면 이런 꿈들의 공통점은 '내가 강해져서 약한 사람을 어떻게든 뒤에서 도와주는 일'이었다는 생각이 든다. 지금도 그건 변하지 않았다. 물론 그게 가능한지는 다른 문제고…….

문득 정신을 차려 보니 뭔지도 알 수 없는 책을 쓰고 있다.

이 극히 개인적인 꿈의 연장선에서마저도 나는 일반화가 가능하다고 생각한다.

지금까지 깨진 모든 꿈이나 목표 가운데에 내가 진심으로 끝까지 해내고 싶은 것은, 일관적으로 변하지 않고 계속되는 '그것'이다. 따라서 본래의 꿈, 의지, 핵심은 무언가에 의해 무너지는 일도 없다.

나는 그것을 '제0지망'이라고 부른다.

022

영원히 좋아하는 건
아무도 할 수 없어

영원히 좋아하는 걸 아무도 할 수 없는 것처럼, 영원히 사랑받는 일 또한 아무도 할 수 없다. 하지만 조금 정도는 좋아하는 마음으로 있을 수 있다. 좋아졌다가 싫어졌다가, 하지만 다시 좋아졌다가, '이게 무슨 감정이지?', '하지만 싫지는 않아', '근데 싫지 않다는 게 좋아한다는 걸까?'를 반복하는 일이라면 계속 할 수 있을 것 같다.

항상 좋아하지 않아도 된다. 그런 유예를 우리는 자신의 일에게도, 음악이나 영화에게도, 도시에게도, 친구나 가족에게도, 연인에게도, 마찬가지로 자신에게도 주어야 한다.

'좋아해'라든가 '사랑해'라는 말에 휘둘리면 주객이 전도되고 만다.

023

명언은 내 몸으로 체험하자

수년 전 텔레비전 채널을 돌리다 화면 가득 껄렁해 보이는 청소년들을 내보내는 장면에 멈춘 적이 있다. 단정하지 못한 교복 차림의 무리 중 하나가 "노력은 배신하지 않는다는 말이 진짜예요?"라며 카메라를 향해 도발했던 것 같다. 그 학생들에게 "노력은 배신하지 않는다는 말은 부정확하다. 바른 장소에서 바른 방향으로 충분한 시간을 들인 노력은 배신하지 않는다." 라고 외친 것은 유명한 대입 학원 강사이자 방송인인 하야시 오사무 선생이었다.

무심결에 깊은 한숨이 새어나왔다. 내가 그의 명대사와 극단적으로 대조되는 다른 명언 "노력하는 사람은 열중하는 사람을 절대 이길 수 없다."에 크게 감명 받은 적이 있었기 때문이다.

대체 우리는 어느 쪽 말을 믿어야 한단 말인가.

함께 밥을 먹다가 친구에게 이런 내 속마음을 털어놓자 "사람은 믿고 싶은 것만 믿는 동물이니까 명언이야말로 자기 몸으로 시험해 보는 수밖에 없어. 시험해 봐서 좋으면 그 명언을 계속 믿으면 되고, 아니라면 벗어던지면 그만이지."라고 그는 잘라 말했다.

나는 그의 말이 참으로 마음에 든다.

✳

024

계속하지 않아도 된다는 선택지

계속하는 건 중요하다. 밑바탕도 중요하다. 그건 틀리지 않다. 그러나 "계속하면 다 된다."고 말하는 사람은 '계속하는 것으로 성과를 얻은 사람'이다. 우연히 '계속하면, 노력하면 보상 받는다'는 세계관에서 태어난 운 좋은 사람인 것이다.

문제는 그 외의 인간, 다시 말해 불량한 이들이다.

불량한 어른은 "돌 위에서 3년? 노력하면 복이 온다니, 바보냐?" 혹은 "요즘 세상에 도제 제도라니, 말도 안 돼. 멍청이들이나 할 짓이지."라고 말한다. 그들은 '계속하지 않는 것으로 새로운 빛을 찾은 사람'이다. 실제로 요즘은 초밥 장인도 1년만 배우고 바로 독립하는 경우가 있다고 한다. 불량 초밥 장인이 내어줄 초밥을 생각하니 배가 고파진다.

어느 쪽이 옳고 어느 쪽이 그르다는 말이 아니다.
하지만 '본질적으로 맞지 않는 일, 좋아하지도 않는 일을 끝까지 파고들어야 할 만큼 인생은 길지 않다', '동경하는 이 하나 없는 곳에서 가만히 견뎌야 할 만큼 자신의 인생을 처박아둘 수 없다'란 사실은 '계속파'든 '불가파'든 반론의 여지가 없을 것이다.
생각해 보면, 학교에서는 '무언가를 계속하지 않아도 된다', '무언가를 그만둔다'고 하는 중요하고도 고된 선택에 대해 가르쳐주지 않는다. 우리가 '계속하지 않기', '그만두기'라는 선택에 이렇게나 두려움을 품는 것은 그 탓이 아닐까 싶다. 여하튼 20대는 중대한 결정을 내려야 할 때마다 '지금 그만둘까 말까'란 문제가 눈앞에 모습을 드러낸다.
참고로 나는 '그쪽 일이 재미있을 것 같다'는 단순한 이유로 셀 수 없을 정도로 일을 그만두었다. 그때마다 경제적으로 아주 힘들어져서 공원의 물을 마시며 하루를 보낸 적도 있다. 겨울에는 추위를 누그러뜨리기 위해 라이터로 양손을 그을리며 잠을 청한 적도 있다. 하지만 조금도 후회하지 않는다. 실제로도 당시에 그것이 재미있었기 때문이다.
'그만둘까 말까'라는 무거운 결정을 내려야 할 때야말로 나는

'가벼움'을 중히 여긴다. '재미있을까, 재미없을까', '웃어주려나, 웃기지 못하려나', '섹시한가, 섹시하지 않은가', '정갈한가, 정갈하지 않은가'를 중요시한다. 어느 쪽인지 갈피를 못 잡겠다면 그 정도의 단순함으로 뒤돌아보는 것이 좋지 않을까?

중요한 것은 단 하나, 내가 정한 기준이다. 아무렇게나 떠드는 사람들의 기준이 아니다.

025

세상에는 다섯 종류의 인간이 있다

만약 당신이 무언가 자격증 하나를 따야겠다고 막연히 생각하기 시작했다면 이 이야기를 생각해 보라.

대부분의 세상사에는 다섯 종류의 인간이 있다.

예를 들어 자격증을 따기 위해 공부를 시작하는 사람, 자격증을 실제로 사용하는 사람, 자격증 보유자를 고용하는 사람, 자격 자체를 만들어 내는 사람, 그 자격이 규정하는 지식과 지혜의 의표를 찔러 빠져나갈 수 있는 사람.

맨 처음 예를 든 사람부터 순서대로 뒷사람에게 이용당하며 산다.

026

평범함이라는 건 그냥 단념하자

'평범한 남자는'이라든가 '평범한 여자는'이라고 말들은 하지만 사실 모두 어딘가, 무언가가 조금씩은 평범하지 않다.
평범한 사람은 한 명도 없다.
나름대로 그럴싸하게 숨기려고 하거나 평범해지고 싶다며 애를 써도, 역시 안 되는 건 안 된다. "평범하게 행복해지고 싶었어."란 소릴 자주 듣는데, 대체 평범하게 행복하다는 건 뭐지?
오히려 나는 "역시 평범해질 순 없나 봐."라며 마주 보고 웃거나, 또는 바람직하지 않은 부분을 더 바람직하지 않게 만들면서 어떻게든 사람들과 어울리려고 애쓰는 행위가 진짜 평범한 것처럼 느껴진다.
울퉁불퉁하니까 맞물릴 수 있다. 결점이 있으니까, 완벽하지 않으니까 매력적인 것이다.

이런, 내가 얼굴 찌푸릴 만한 이야기를 해버렸나? 하지만 모든 게 그렇다. 그럴싸하게 꾸미는 짓은 이제 그만두자. 우리가 얼마나 못난 인물인지 확실하게 보여주자.

027

그것을 판단하는 기준

첫째, 부모에게 자랑할 수 있는가.

둘째, 언젠가 태어날 아이에게 자랑할 수 있는가.

셋째, 인생 마지막 순간에 안 했다는 사실을 후회할 것인가.

넷째, 지금 내 기분을 좋게 만들어 주는가.

다섯째, 좋은 향기가 나는가.

여섯째, 근사한 허상인가.

일곱째, 어떤 말로도 표현할 수 없는가.

028

사소한 제안

'나는 당신에게 어울리지 않아'란 생각에 빠져 있는 커플이 의외로 오래가지 않던가?
'당신은 나에게 보여주지 않는 얼굴이 있어'라고 생각하는 정도가 적당한 거리 아닐까?

029

사소한 예감

'뭔가 별로인데……' 싶은 생각이 드는 사람은 대부분 별로다.
'완전 좋은데!' 싶은 생각이 드는 사람도 대부분 별로다.
하지만 '뭔가 괜찮은데?' 싶은 생각이 드는 사람은 쭉 뭔가 좋다.
우리는 우리가 생각하는 것 이상으로 '말로는 표현할 수 없는 것'을 사랑하고 있단 생각이 든다.

030

여자에게 필요한 유일한 것

예쁜 여자는 얼마든지 있다. 귀여운 여자도 얼마든지 있다. 현명한 여자는, 어쩌다 있다.

이런 말을 하면 여자들이 화를 낼지 모르지만, 계속하겠다.

연상의 남자를 좋아하는 여자는 많다. 대부분 젊은 여자에게는 여유가 없기 때문이다.

여자보다 나이가 많든 적든 동갑이든 실제로 남자는 똑같이 폭발과 섹스 장면이 있는 영화를 아주 좋아하고, 새우튀김을 아주 좋아하며, 어머니를 아주 좋아하고, 경우에 따라선 울면서 자위를 한 적이 있고, 매일매일 관능적인 것만 생각한다. 연상의 남자가 섹시해 보이는 건 그런 점들을 잘 감추기 때문이다. 그뿐이다.

한편 남자 입장에서 보면, 연하의 여자는 돈도 지식도 경험도 자신감도 없다. 그런 사람에게 무언가 환상을 심어주는 건 갓난아기의 손을 잡는 일보다 쉽다. 남자들은 연상의 여자에게 일정 이상의 경험을 하고 나면 연상의 여자에게 볼일이 없다. 그렇다고 연하 여자의 정신에도 크게 볼일은 없다.

어떤 사람들은 나이 차이가 많이 나는 연애에 너무 큰 환상을 품는다. 그저 경험의 격차에 의한 환상일 뿐인데.

내가 여자에게 유일하게 원하는 것은 미모도 귀여움도 아니다. 곡선도 촉촉함도 아첨도 품격도 아니다. 배포다. 일이 날아가도, 돈이 없어져도 혼자서 살아남는 기백과 기개이다. 그 고독을 버텨내고 살아 나가는 배짱이다. 예쁜 여자도 귀여운 여자도 많다. 하지만 배짱을 지닌 여자는 귀하다.

아름다움은 쇠락한다. 귀여움도 사라진다. 하지만 삶의 태도는 절대 사라지지 않는다.

남자들에게 이런 이야기를 하면, "배짱이야말로 이 시대 남자들에게 필요한 거 아냐?" 같은 소리나 듣는다. 하긴 '배짱'이 중요하지 '남녀'가 중요한가.

031

‘정신이 안정된 사람’에 대하여

사람들은 입을 모아 말한다.

“정신이 안정된 사람이 되어야 해.” “정신이 안정된 사람과 친구가 되어야 해.” “정신이 안정된 사람을 연인으로 삼아야 해.” 그러나 정신도 인생도 안정 따위 있을 수 없지 않나? 한순간의 멈춤도 없이 흔들리고 있는, 불온하고 광기 가득한 이 세상에 안정 같은 게 있을 리 만무하다.

“정신이 안정된 것처럼 보이는 사람은 연기를 잘하는 것뿐이야.” 라거나 “이런 시대에 정신이 불안정해지는 건 어쩔 수 없잖아? 나도 그런걸.” 이라고 솔직히 말할 수 있는 사람이 훨씬 더 제정신인 게 아닐까? 내가 극단론을 말하고 있는 걸까?

032

혼자가 싫은 연애

"얼마 동안 못 만나면 마음에 갈증이 생겨. 초조해서 견디기 힘들어. 그래서 항상 만나고 싶어."
살짝 '금사빠' 성향의 지인이 한낮의 레스토랑에서 이런 말을 입에 올리더니, "그런데 그 사람은 그렇지가 않아. 만나지 않아도 아무렇지 않은가 봐. 바람이라도 피는 걸까? 아무리 바빠도 좋아하는 사람에게는 시간을 내야 하는 거 아냐?"라며 다그쳐 왔다.

나는 이런 것을 '부재(不在)의 궁합'이라고 부른다. 만나지 못하는 사이의 연락의 빈도, 이야기를 나누는 빈도, 섹스를 하는 빈도… 모두 '부재의 궁합'이라고 할 수 있다. 맞으면 천국, 안 맞으면 지옥. 이런 나의 견해를 막 펼치려고 할 때, 동석했던 또 한 사람의 기혼 여성이 입을 열었다.

"자기는 너무 배부른 고민을 하는 거 아냐?" 하고. "보고 싶은 사람이 있는 것만으로도 고마운 일이지."라며 부채질을 했다. 그리고는 스마트폰을 보면서 "혼자 있지 못하는 사람과 연애한 적이 없어서 잘 모르겠지만 말이야."라며 혼잣말을 한다.

직격탄을 맞은 금사빠의 그녀는 테이블 아래로 눈길을 떨군 채 시체처럼 움직이지 않았다.

나는 메뉴판을 들고 재빨리 파르페를 주문했다.

성형에 관한 특별 방송을 보고 있던 어머니가 한마디를 흘리셨다.

"사람 얼굴이야 100미터 떨어져서 보면 다 똑같구만, 뭐."

033

뒤돌아보지 않는 여자

데이트는 대체로 역 앞에서 끝나기 마련이다.

개찰구로 사라지는 연인.

그는 내 쪽을 돌아보지 않고 즉시 군중 사이로 사라져 갔다.

나는 왠지 맹렬한 불안감을 느꼈다. 생각해 보니, 데이트를 하고 헤어지면서 한 번도 돌아보지 않고 선드러지게 사라진 상대가 처음이었다. 단지 그것뿐이었다. 하지만 왠지 그 모습이 계속 마음에 걸려 나중에 그때의 일을 물어보았다.

"난 헤어질 때 돌아보지 말자는 주의야."

'역시' 싶었다. 왜냐고 물었다.

"그냥, 그게 좀 멋져 보이지 않아?"

나는 엉겁결에 웃어버렸다. 전략이 너무나도 고전적이라서 말이다.

"요리 잘하는 여자가 좋아!" 같은 말이 먹힌다고 생각하는 남자들이 있다. 하지만 요리 같은 건 레시피와 시간과 돈만 있으면 원숭이라도 할 수 있다. 하려고만 한다면 요리 같은 건 얼마든지 할 수 있다. 그러나 영리한 여자는 굳이 남자를 위해서는 요리하지 않는다. 청소도 할 수 있다. 그러나 굳이 남자를 위해서는 하지 않는다. 빨래도 해주지 않는다.
헤어질 때도 마찬가지이다. 뒤돌아보려고 하면 얼마든지 뒤돌아볼 수 있다. 그러나 굳이 그리 하지 않는다.
차림새에 대해서도 화장에 관해서도 마찬가지다. 입고 싶은 것을 입고, 되고 싶은 얼굴이 되어 즐거워하는 이보다 아름다운 사람은 없다. 남에게 인기를 얻기 위해 잔재주로 자신을 꾸미거나 원하지도 않는 디자인의 옷을 사는 사람은 측은하기 짝이 없다. 실제로 남에게 보이기 위해 산 옷 따위는 장롱에 걸어둔 채 끝나는 법이다.
"너를 위해 살아갈 생각은 없어."
그렇게 생각하는 편이 확실히 한 젠더로서, 한 인간으로서 흔들림 없이 의지가 된다고 생각한다.

남자 또한 머리끝부터 발끝까지 여자를 위해 살아갈 생각은 없을 것이다. 바로 그것이야말로 여자와 남자의 '진정으로 서로 사랑하는 마음'이 아닐까.

그럼에도 불구하고 때로는 상대를 위해 무엇이든 되고 싶다고 원하는 순간이 갑작스럽게 찾아온다. 그때는 그때대로 솔직하게 자신의 규범을 깨는 일을 하면 된다. 자신이 정한 규범을 깰 수밖에 없는 것이 바로 '사랑'이라고 불리는 무언가이니까. 그때까지 우리는 좋아하는 옷을 입고 새침한 얼굴로 거리를 걸으면 되는 거다.

034

섹스 프렌드의 결혼식

“섹스를 잘 못하는 귀여운 남자였어. 단지 밤에 나를 시시한 구실로 불러내는 걸 잘했지. 통일감이 손톱만큼도 없는 인스타그램, 옷깃이 뾰족한 낡은 셔츠, 옛날 여자에게서 받은 듯한 은반지도 촌스러웠어. 하지만 그게 나를 유일하게 안심시켰지. 연애까지는 아니었다고 생각해. 어디에든 굴러다니는 무언가가 오히려 사랑스럽게 느껴지는 거 있잖아. 그래, 나는 그 남자가 사랑스러웠어.”

“별것 아닌 여자였어. 친구로는 괜찮지만 연인으로는 어울리지 않았지. 침대에서는 괜찮지만 결혼 상대는 아닌. 누구라도 그런 상대가 한 명쯤은 있잖아? 연인이 있는데도 왜 나와 자려고 했는지는 모르겠어. 그건 아마도 내가 그 사람의 핵심에 한 번도 다가간 적이 없었기 때문일 거야. 이런 이야기의 끝은 전부 똑같아. 분명 내가 그 여자를 잊는 것보다 빨리 그 여자가 나를 잊을 거야."

나는 그 여자의 결혼식에 그 남자가 참석한 것을 본 적이 있다.

035

책과 고독

"같은 책 한 권을 읽는다면 대화가 가능해진다."
이 말은 1980년대 한 출판사의 캐치프레이즈였다. 그런데 만약 같이 읽은 책이 한 권이 아니라면 어떨까? 같은 책을 열 권 읽었다면 뜻이 잘 통할 거고, 수십 권을 더 읽었다면 별다른 말없이도 마음으로부터 서로를 이해할 수 있다.
처음부터 이야기가 잘 통하는 사람과는 같은 책을 읽었을 가능성이 높다. 처음부터 전혀 이야기가 안 통하는 경우에는 상대가 전혀 책을 읽지 않을 가능성이 높다.
"책을 읽지 않는다는 건, 그가 고독하지 않다는 증거다." 다자이 오사무의 이 명언에는 선망이 섞여 있다. 그에 못지않게, 아니 그 이상으로 역겨움이 녹아 있다.

책은 읽는 편이 좋다. 가능한 많이 읽는 편이 좋다. 읽은 책의 수만큼 단어가, 고독이, 통하는 사람의 수가 늘어나기 때문이다. 그리고 재미있는 책을 만났다면 가능한 많은 사람에게 추천하는 것이 좋다. 혹은 소중한 사람에게 선물하는 것도 좋다.
그것이 급속하게 분단되어가는 이 세계에 대한 최소한의 저항 수단이니까.

036

당신 없이도 살아갈 수 있어

실연을 노래하는 곡과 사랑에 빠져 허우적거리는 내용의 곡 중 어느 쪽이 많을까?
세어보진 않았지만 실연을 노래하는 곡이 많지 않을까 싶다. 음악을 들을 때 사람은 고독하기 마련이니까. 그런 실연 노래들을 한마디로 요약하면 '당신이 없으면 나는 살아갈 수 없어'가 된다.
하지만 미국이나 영국, 한국 출신 여성 아티스트의 노래는 실연 노래도 사랑 노래도 아니다. "너 따위 없어도 나는 혼자 잘살아", "어쩌라고, 난 나쁜 여자야", "네가 어떻게 살아갈지 두고 볼 테다" 등등 온갖 분노가 난무하다.
이건 나만 그런지 모르겠지만, 어쩌면 내가 음악을 만드는 인간이 아니라서 할 수 있는 말인지도 모르겠지만……. 어느 한쪽으로만 기울면 뭔가 아주 측은하게 보인다.

이 두 개를 하나로 아우르면 어떨까?

"당신 없이도 살아갈 수 있어. 하지만 당신이 있는 것도 좋을지 몰라."

✳
037

나르시시스트가 세상을 구한다

나는 나르시시스트인 여자에게 약하다. 침울해졌을 때 "내 가슴 만질래?"라며 만화에나 나올 법한 대사를 들이대면 웃음이 터져버리니 말이다. 물론 나는 결단코 '가슴파'가 아니다.

죽고 싶단 생각에 멍해졌을 때 "어떡해, 어떡해, 나 빨리 죽으려나 봐. 미인박명이라잖아!" 같은 소릴 듣게 되면 어이없는 웃음이라도 터져버리니까. 좋은 의미로 '될 대로 돼라'인 것이다.

자기혐오에 빠진 사람 옆에는 자기애에 빠진 자가 있는 게 좋다. 왜냐고? 자기애가 강한 사람이 자기혐오가 강한 사람까지도 긍정해 주기 때문은 아니다. 오히려 그 존재를 완전히 무시해 주기 때문이다.

가슴이나 절세미인이 세상을 구한다기보다, 나르시시스트가 세상을 구원하는 것이다.

038

모순을 사랑하다 I

이쯤 해서 '<나르시시스트가 세상을 구한다>의 내용과 <20대에 자신감은 필요 없어>의 내용이 모순되는 거 같은데?' 하고 눈치 챈 독자 여러분은 총명하시다. 분명 논문 검사 같은 직업군이 적성에 맞을 테다. 그러나 공교롭게도 인생은 이와 같은 모순으로 넘쳐난다. 일순 모순된 것처럼 보이는 생각은 결코 모순되지 않는 법이다. 뭐, 그렇다는 말이다.

039

모순을 사랑하다 II

추궁을 당할 땐 "뭐라는 거라냥."이라고 말하며 외면해 버리자.

040

모순을 사랑하다 III

'연락하지는 않았지만 언제나 생각하고 있었어'라든가, '아무 말 하지 않았지만 하고 싶은 말이 많아'라든가, '뭐 아무래도 상관없지만 나는 이미 알고 있었어'라든가, '사랑하진 않지만 소중히 여기고 있어'라든가, '알아주길 바랐지만 이제 됐어'라든가. 지금은 뭔가…… 그런 느낌이다.
'싫어하는 건 아니지만 지금은 만나고 싶지 않아', '이게 끝일지도 모르지만, 아직 조금 더 발악해 볼래', '솔직히 이젠 누구라도 상관없단 생각이 들지만, 누구라도 상관없는 건 그래도 좀 아니지 않나'라든가.
지금은 뭔가…… 그런 느낌이다.
아니, 사실을 말하자면 예전부터 줄곧 그런 느낌이었다.

그래서인지 최근에는 회색이 좋다. 비 오는 날도 맑은 날도 아닌 날이 제일 좋다.

041

헤어짐의 시간

누구라도 지금까지 믿어왔던 책이나 영화, 음악, 명언에 대한 마음의 울림이 갑자기 멎는 순간이 있기 마련이다. 그것도 몇 번이고.

콘텐츠에 대한 것만이 아니다. 상사나 은사, 일 그 자체나 동료, 친구나 지역에 대해서도 마찬가지이다. 무언가가 갑자기 머슬머슬해진다. 그러고는 놀라고, 갈피를 잡지 못하고, 침묵에 빠지고 만다.

하지만 그것은 당신이 냉담해져서가 아니다. 감정이 죽어서도 아니다. 단지 당신의 마음이 나이를 먹은 것뿐이다. 가치관이 변한 것뿐이다.

너무 많이 슬퍼할 필요는 없다.

어쩌면 지금까지 믿어왔던 것들은 당신의 고향일지 모른다. 무언가를 잃었단 생각이 들면 고향으로 돌아가 보는 것도 좋다. 하지만…… 완전히 떠나는 것도 방법이다.

042

지금 내 물건이 유품이 된다

쉽게 질리고 쉽게 변하는 우리는, 지금까지 흔한 패션 잡지의 기사에 휘둘려 만들어진 유행에 놀아나며, 내년에는 입지도 못할 옷을 사서는 "역시 안 어울리네."라며 눈살을 찌푸리고 제철에 입지도 못하는 짓을 반복하여 왔다.

"어리석은 자는 역사에서 배우는 것이 없다."

비스마르크는 그렇게 말했지만, 우리들 인류는 참으로 어리석은지라 역사에서 배운 것이 없기에 오히려 사랑을 하고, 사치를 하고, 쓸데없는 데 돈을 써서 경제를 회전시키며 역사의 수레바퀴를 돌리고 있다고 생각할 수도 있다.

그래도 쓸데없는 데 돈을 낭비하는 건 이제 지긋지긋하다.

변하기 쉬운 유행 따위는 더 이상 좇지 말자.

100년 후에는 클래식이 될 미학을 자기 나름대로 확립해 두자.

자기만의 미학에 맞다면 혹여 비싸더라도 사는 게 낫다. 비싸니까 소중히 여길 테고, 소중히 여기니까 오래 간직할 수 있다. 남들과도 겹치지 않고, 질리지 않고, 기분이 좋다. 구두도, 시계도, 재킷도 그렇다.

그 외의 속옷이나 티셔츠 같은 소모성 물건은 싸게 구입해서 못 쓰게 되면 바로 바꾸어 언제나 새것을 유지하자. 그것이 현명한 쇼핑이다.

게다가.

지금 내가 가지고 있는 물건이 나의 유품이 될 것임을 잊어서는 안 된다. 우리는 언젠가, 무언가를, 누군가에게 '쓱' 전해주기 위해 태어났다.

이왕이면 남겨진 이들이 최고의 유품에 둘러싸이게 만들어주고 싶다. 뭐 이런 말이나 하고 있으니 언제까지고 저축과 담 쌓고 사는 거겠지만, 쇼핑으로 살 수 있는 행복 따위는 어서 빨리 사버리라고 말하고 싶다. 알아들었으면, 일단 어서 샤워부터 하고 오시길.

043

너와 나의 플레이리스트

여름. 키노코 테이코쿠의 <크로노스타시스>, 인디고 라 엔드의 <여름밤의 마법>, 후지퍼블릭의 <젊은이의 모든 것>, 세로의 <오르판스>, 립 슬라임의 <낙원 베이베>, 케츠메이시의 <여름의 추억>, 시이나 링고의 <길고 짧은 축제> 등등. 이 노래들을 음악 앱에 모은다. 완벽한 여름 플레이리스트가 완성된다.
산책을 한다. 듣는다. 기쁘다. 즐겁다. 하지만 외롭다.
그래서 연인에게 보낸다. 그러자 그 사람도 자신의 여름 플레이리스트를 보내준다. 듣는다. 모르는 곡, 모르는 아티스트가 있다. 그중 어떤 한 곡이 좋아진다. 그의 고독이 살짝 엿보인다. 그것도 재미있다. 그리고 계절은 흘러간다. 새로운 계절에, 새로운 플레이리스트를 만들어 보내고 받는다. 이런 건 저 옛날, 테이

프나 CD로 했던 일인지도 모른다.

좋아하는 음악을 공개하는 건 자신의 고독을 공개하는 것이다. 그러니까 오히려 공개할 가치가 있다. 비밀을 공유하면 비밀이 되돌아온다.

044

연인보다 '초超연인'이 필요해

영원한 사랑 같은 건 없다. 그래서 지금 완벽한 연애편지를 쓰고 싶다.
위태로운 말, 애달픈 말, 의미를 알 수 없는 말….
지금 내가 쥐어짤 수 있는 모든 것을 짜내어 전하고 싶다. 짜내고 짜내도 아직 남아 있는 것을 알고 싶다. 그것이 당신에게 전해지면 좋겠다. 전해지지 않아도 좋다. 나는 논리를 버리고 싶다. 신체도 버리고 싶다. 혹성도 버리고 싶다. 그저 최고 순도를 원한다.

당신이 나에게 무언가를 전하려고 한다면, 나는 지금 온 힘을 다해 그것을 느끼고 싶다.

영원한 사랑 같은 건 없다. 다음 약속은 없어도 된다. 그럴 듯하게 이야기하면 된다는 건 알고 있다. 더 이상 어리지 않으니까. 유려한 복선을 깔아두면 된다는 것도 이미 알고 있다. 하지만 그런 건 이제 없어도 된다. 그런 잔재주는 방해만 된다.

다음은 없다. 그게 내 성질에 맞다. 그래서 나는 울면서 반지를 산다. 영수증은 바다에 버린다. 그냥 좋아하는 정도가 아니었음을 용서해주길. 이런 가당찮은 짓을 생각했던 일도 바로 잊어버리고 마는 나를 제발 용서해주길.

영원한 사랑 같은 건 없다. 하지만 이것은 세상의 연인들이 원하는 무언가이다. 손때 묻은 무언가이다. 연인, 이 무의미한 단어. 영원, 어떤 수식어도 필요 없는 단어. 혹은 말 그 자체. 그것은 단순한 픽션이다. 봄이라든가 겨울이라든가… 그런 것에 지나지 않는다.

나는 연인보다 '초(超)연인'을 원한다. 그 초연인이 무엇을 해줄지는 모른다. 무엇을 해주어야 할지도 모른다. 무엇을 하지 않는지, 어디에 있는지도 모른다. 어쩌면 지구에는 없는지도 모르겠다. 우주인일지도, 다른 별의 사람일지도 모르겠다.

그래도 나는 '초연인'을 원한다. 누군가, 누군가, 누군가….

045

상반되는 것의 공존

사랑은 '이 이상 좋아져서는 안 돼'와 '그래도 당신밖에 보이지 않아'라는 모순이 불꽃 튀는 불꽃놀이. '부셔버리고 싶다'와 '위로받고 싶다'로 찢기는 광란. 분명 사랑은 '헤어지지 않아'와 '언제 헤어져도 상관없어'의 상반된 각오를 오가는, 영원히 끝나지 않는 장기전일지 모른다.

일은 '귀찮음'과 '할 수밖에 없는' 사이의 길을 왕복하는 골칫거리.

가족은 '용서할 수 없다'와 '용서하고 싶다'의 틈새에 있어서 언제나 군시럽다.

동거가 '괴롭힘'과 '부양'의 경계에 있다면, 결혼은 '당신이 아니어도 상관없었다'와 '그래도 왠지 모르게 당신을 선택했다'의

시소를 탄 느낌이 든다.

대부분의 사람은 상반되는 것의 공존을 견디지 못한다. 흑백을 확실히 결정짓고 싶어 한다.

하지만 대부분의 세상사는, 감정은, 모순 그 자체이다.

모순을 견딜지 말지는 오로지 제정신으로 계속 있을 수 있는지 아닌지에 달려 있다. 원래 일기예보는 맑은 날이나 비 오는 날보다 구름 낀 날이 많다. 이렇게나 하양인지 검정인지를 정하고 싶어 하고, 그 색을 몸에 두르고 싶어 하는 것은 우리가 회색의 존재이기 때문일지 모른다.

046

딱히, 상관없어

"딱히 언제 그만둬도 상관없어."라는 자세로 일하는 사람을 좋아한다. "딱히 호감받지 않아도 상관없어."라고 말하는 사람이 미인으로 보이기도 한다. "딱히 이 사람이 아니어도 상관없었는데."라면서 결혼한 친구의 얼굴도 좋아한다. 그 후 그들이 어떻게 되었는지는 둘째 치고, 마지막까지 여유를 잃지 않겠다고 정한 사람이 좋은 것이다.

아아, 그러나 왜 이런 여유마저도 역겨울 때가 있는 것일까.

✳

047

꿈 따위 없어도 사람은 될 수밖에 없는 존재가 된다

이상한 이야기를 들은 적이 있다.

'여왕님'을 생업으로 하는 한 여성이 있었다.

남자를 채찍이나 봉으로 제압하여 무너뜨리는 것이 그의 일이었다. 그러다 어느 날 이런 의문을 가졌다고 한다.

'인간에게 최대한의 고통을 주는 데 물리적으로 허락되는 범위는 어디까지일까?'

참으로 직업정신이 투철한 사람이다. 그는 이 문제를 해결하기 위해, 세상에나, 의사 면허를 땄다.

머리가 좋은 사람이었나 보다. 애당초 그는 왜 '여왕님'이 되었을까? 가난해서였는지, 그런 행위에 쾌락을 느꼈던 것인지는 알 수 없다. 어쨌든 그는 '여왕님'이 되었고…… 그리고 의사 면허를 땄다.

그 자신도 이런 결말을 예측하진 못했으리라. 하지만 인생이란 이런 것이다. 그렇지 않은가? 친구에게 여왕님 이야기를 들었을 때, 나는 확신했다.

'꿈 따위 없어도 사람은 될 수밖에 없는 존재가 된다. 그러니 될 수밖에 없는 그것을 받아들이는 수밖에 없다.'

마지막으로…… 이 글을 쓰고 있는 나 또한 절대 작가 따위 되고 싶지 않았다.

048

'걱정거리의 90퍼센트는 실현되지 않는다'는 설에 대하여

걱정거리의 90퍼센트는 실현되지 않는다.

어디선가 그런 말을 들은 적이 있다. '그럴 수도?'라고 생각했다. 아니, '그랬으면 좋겠다'고 생각한 적이 있다.

현실은…… 비정했다. '어쩌면 졸업 못할 수도 있겠는데'라고 생각했더니 진짜로 졸업을 할 수 없었다. '기업에 내정 못 받을 수도 있겠는데'라고 생각했더니 정말 그렇게 되었다. '어쩌면 잘릴 수도 있겠는데. 빈털터리가 될지도'라고 생각했더니 정말 일을 못하게 되어 거지 신세가 되었고, '차이려나' 싶었더니 차이고, '사고를 당할지도 모르겠다'고 생각했더니 정말 사고를 당하고, '이혼할 수도 있겠다'고 생각했더니 진짜로 이혼했다.

단순하게 내가 인간으로서 못난 것인지도 모르겠다. 하지만 내 경험치로 귀납해 보면 '걱정거리의 90퍼센트는 실현되지 않는다'는 설은 도저히 인정하기 어려운 무책임한 말이다. 일어날지도 모르는 일은 전부 일어난다. 그렇게 생각해 두는 편이 좋다. 하지만 그리 되고 싶지 않으니까 오히려 이 말을 믿는 것이다. 불안과 불운과 불행의 연속이라도, 멈추지 않고 흘러가는 것이 인생 아니겠는가.

049

먹은 것만 배출할 수 있다

사람은 자신에게 친절하게 대해준 방법으로만 남에게 친절할 수 있다. 사람은 자신이 구원 받은 방법으로만 남을 구원할 수 있다. 키스 받은 방법으로만 키스할 수 있고, 타인에게 받은 사랑으로만 남에게 사랑을 줄 수 있다. 아주 슬프게도.

'오리지널'이라든가, '유일무이의 무언가' 같은 숭고함은 이 세상에 존재하지 않는다. 모두가 누군가의 복제, 모든 게 빌린 것들뿐이다. 그리고 이 세상은 빌린 것들의 경주에 불과하다. 사람은 만난 사람에 의해서만 자기를 형성할 수 있다.

그것만으로는 이 세계가 너무나도 답답하고 슬프겠지만, 사실이 그렇다.

050

당신이 없어진 후의 의자

결혼한 친구 집에 놀러 갔을 때, 친구 아들 다섯 살 꼬마가 나에게 요즘 좋아하는 애니메이션 이야기를 열심히 설명해주었다. "그래그래~" 고개를 끄덕이며 아이의 이야기를 듣고 있을 때, 문득 아동문학 번역가 고(故) 와타나베 시게오 씨의 말이 떠올랐다. 희미한 기억이라 단어 하나하나가 정확하지는 않지만, 대체로 이런 내용이었다.

"가공의 생물이 마음속에 있다고 믿을 것. 그것이 아이의 마음에 의자를 만든다. 아이는 그 가공의 생물을 의자에 앉힌다. 결국 어른이 되어 그런 생물은 존재하지 않는다는 걸 알게 되고, 그 의자에서 그들은 사라진다. 이번에는 정말 소중한 사람을 우리는 그 의자에 앉힐 수 있게 된다."

이 말을 떠올릴 때마다 나는 왜 이리 가슴이 조여 오는 걸까.
아마도 그 의자에서 소중한 사람이 사라져버린다면 우리는 어떻게 하면 좋을지, 그 이야기가 생략되어 있기 때문일 것이다.

소중한 사람이 사라졌다.
그것은 의자가 나빴던 걸까.
소중한 사람, 그 사람이 나쁜 걸까. 그 사람을 택한 내가 나쁜 걸까.

다시 한 번, 우리는 가공의 의자를 만들어야만 한다.
그 의자를 만들어준 가공의 생물들에게로 돌아가야만 한다.
아름다운 것을 아름다운 채로 속삭여주는 것에게로 돌아가야만 한다.
확실히 그림책은 이제 이 나이에 보기에는 너무도 눈부시다. 하지만 예전에 믿었던 말, 소설, 영화, 음악, 드라마, 장소·풍경… 뭐라도 상관없다. 그곳에 돌아가야만 한다.
그 소중한 사람이 나타나기 전 태연하게 그저 한 사람으로 살아온, 그 즈음 나의 정의와 사랑, 철학으로 되돌아가야만 한다.
그렇게 해서 의자를 다시 만들어야 한다.
그리고 완성된 의자에 먼저 자신을 앉혀야만 한다.

무지막지하게 나쁜 일이 생긴다면 "제1장 끝!"이라고 외치자.
왜냐하면 많은 소설 또한 무지막지하게 나쁜 일을
제1장의 마지막에 두기 때문이다.

2장

현실에 관한 몇 개의 노골적인 사실

051

꿈에게 패배한 인간의 이야기를 하자

"파일럿이 되고 싶어."

대학 시절, 그렇게 말하던 친구가 있었다.

"여섯 살 때부터의 꿈이었어. 매번 부모님께 항공기 모형을 사달라고 졸랐지. 시간만 나면 공항에서 진짜 비행기를 바라보곤 했어. 내 방 책꽂이에는 온갖 비행기 사진집, 자료집, 전공서……."

확인할 필요도 없이 그는 초중고 졸업문집에서 자신의 꿈을 유창하게 떠들었을 것이다.

언젠가의 밤. 드라이브를 하자며 하네다 공항으로 끌려갔을 때였다. "나는 지금 떠오른 저 비행기가 어디로 향하는지 알아." 조수석에 앉아 있는 내게 그는 살짝 얼굴을 붉히며 가르쳐주었다.

거짓말이라고도, 과장이라고도 생각하지 않았던 나는 "그럴 테지……." 하고 고개를 끄덕였다. 그는 살며시 웃었다.

맨눈으로 봐서는 알 수 없었지만, 그의 코뼈는 밀리미터 단위로 구부러져 있었다. "어떤 미세한 이상도 조종사 시험에는 영향을 미치거든."이라며 그는 자신의 코뼈를 성형수술로 고쳤다.

학창시절, 그는 수석을 뺏겨본 적이 없었다. 경식 테니스 전국대회에서 우승도 했었다. 솔직히 성격이라도 개차반이었다면 나는 그와 친한 친구가 되었을 것이다. 하지만 그는 한없이 쾌활하고 명랑한 큐슈 남자였다. 바보 같은 토끼를 세 마리나 키우고 있었다. 중학생 때부터 만난 첫사랑과 여전히 사귀고 있었고, 취직하면 그 여자와 결혼할 거라고 주저 없이 내게 말했다.

하지만 파일럿은 되지 못했다.

항공회사 면접에서 전부 떨어졌다. 최종면접까지 가지도 못했다. 이유는 나도 모른다. 그렇게 그의 메신저는 불통이 되었다. 물론 메일도, 전화도…….

15년간, 매시 매분, 동경하고, 동경하고, 동경해 마지않았던 꿈은 거의 일순간에 무너졌다.

결국 그가 대학을 졸업했는지 어떤지도 명확하지 않다. 5년 후 들은 풍문에 의하면, 그는 한 아이의 아버지로 지방에서 버스

운전을 하고 있다고 했다. 그렇게 시간이 지나면서 대학 시절 친구들을 만나 술을 마셔도 어느 순간 그가 화제에 오르는 일은 없어졌다. 하지만 가끔 하늘을 나는 비행기를 발견할 때면 나는 그를 떠올렸다.

그러다 얼마 전 갑자기 떠오른 김에 페이스북에서 그의 이름을 검색했다.

그는 한 기업의 사장이 되어 있었다. 폐기된 전철을 중국에 수출하는 회사였다. 꽤나 비싸 보이는 메르세데스 벤츠 G클래스. 그 운전석에 앉아 웃고 있는 모습이 그의 프로필 사진이었다.

무언가 짓궂은 농담 같았다.

052

우리가 천재를 대하는 자세

세상은 천재를 좋아한다.

노력하는 천재, 노력을 모르는 천재. 어느 쪽이든 세상이 숭배하다 버리는 건 흔한 일이다. "나도 하면 할 수 있어!"라고 소리치면서 아무것도 하지 않으면 인간은 빠르게 말라버린다. 그야말로 기원정사의 종소리, 사라쌍수의 꽃잎 색, 봄밤의 꿈과 같다.

"평범한 사람이면 돼."라고 가르쳐 주신 건 초등학교 미술 선생님이었다.

야외 그림 수업. 나는 나무 그늘 아래에서 학교 건물과 하늘을 그리려고 했지만, 색도 선도 구도도 구제할 방법이 없을 정도로 서툴렀다. 현실이 스케치북에 옮겨지지 않았다. 전부 내팽개

치고 구름이 흘러가는 모습을 그저 멍하니 바라보고 있자니, 선생님이 소리도 없이 옆에 와 앉으며 그렇게 말씀하셨다. 평범한 사람이면 된다고.

나는 건방지게도 이렇게 반박했다.

"저는 그렇게 생각하지 않아요. 그림을 그리는 건 재능이니까, 재능이 있는 애가 잘 그리는 거죠. 재능이 없으니 못 그리는 건데, 이걸 끝까지 해내야 하는 의미를 모르겠어요."

"괜찮아, 못 그려도. 못 그려도 재미있잖아."

선생님은 내 생각을 날려버리면서 조용히 말을 이었다.

"다른 사람이 되려고 할 필요는 없어. 잘하는 일을 하려고 하지 않아도 돼. 훌륭한 물건을 만들려고 하지 않아도 돼. 자신의 평범함을 완벽하게 받아들이렴. 못 그리면 못 그리는 대로 끝까지 완성해서 내게 큰 웃음을 주렴. 잘 그리려 한다고 해서 잘 그릴 순 없지만, 바로 거기에 헤어 나오기 힘든 매력이 있는 거니까."

물론 내 그림에 헤어 나오기 힘든 매력 따윈 없었다. 그래도 그 후 나는 천재라는 단어를 혹은 천재 같은 사람을 볼 때마다 선생님의 말씀을 이렇게 내 맘대로 다시 음미한다.

평범한 사람이 되렴. 잘 웃고, 잘 떠들고, 화도 잘 내는…… 그리고 침묵할 때를 알아야 해. 눈치 보지 않아도 돼. 재미있는 말을 하지 않아도 돼. 천재도 비상한 사람도 될 필요 없어. 평범한 사람이니까 많은 이의 아픔을 아는 거야. 나약함을 아는 거야. 할 수 없음을 아는 거야. 평범하면 평범한 대로 생각해서 무언가를 해보렴. 잘하지 않아도 내가 웃어줄 테니까.

평범하니까 오히려 강하다. 천재가 되지 않아도 된다.

이건 그저 나 편한 대로 한 확대 해석일까? 하지만 그날의 미술 시간은 벨소리가 울려도 끝나는 일 없이 계속되고 있다.

✳

053

고독은 나만의 것이 아니다

누군가는 지금 고독하다는 전제를 잊어서는 안 된다.

가령 지금 절찬리에 판매되고 있는 아티스트의 히트송을 이해할 수 없는 것은 나만이 아니다. 금요일 밤에 고독한 것은 나만이 아니다. 누군가에게 두 번째라는 사실, 그 사람을 잊을 수 없단 사실을 인정하기 어려운 것처럼, 이만큼이나 가혹한 상황에 처한 것은 나만이 아니다.

'이 고독은, 이 비참함은, 지금 어딘가에 있는 다른 이의 고독이나 비참함과 통할 수 있는 가능성이 있다'고 하는 0.01그램 정도의 희망을 버려선 안 된다. 그런 의미에서 고독에도, 비참함에도 큰 의미가 있다. 누군가를 구원할 가능성이 있다.

그렇다면 다른 이와 통하기 위해서는 어떻게 하면 좋을까?

직접 말하는 수밖에 없다. “나 지금 여기에 있어!”라고 소리치는 수밖에 없다.

054

재능이라고 불리는 것의 정체

글을 잘 쓰는 사람은 남이 쓴 문장의 조잡함을 쉽게 발견한다. 말을 잘하는 사람은 남이 하는 이야기를 지루하다고 느끼기 쉽다. 사진을 잘 찍는 사람은 잘못 찍은 사진을 볼 기회가 많을 것이다.

여기에 중요한 점이 세 가지 있다.

첫째, 무언가를 '싫다', '못한다'고 알아차리는 것은 재능이다. 더 구체적으로 말하자면, '어째서 이 사람은 이런 간단한 일도 할 수 없는 거지?'란 생각이 든다면, 그 간단한 일이 당신이 잘하는 분야라는 뜻이다. 재능은, 그 재능을 가진 본인이 제일 알아차리지 못하는 형태를 띠고 있다.

둘째, 당신에게는 너무도 당연하게 가능한 일이 누군가에게는 당연하지 않을 수 있다.

마지막으로 셋째, 그렇기에 더욱 도와주지 않으면 안 된다.

그게 당신의 일이다.

055

두 번째

"뭐든 1등을 해야 해. 두 번째는 의미가 없어. 첫 번째만 의미가 있어."

이런 말을 자주 들었겠지만, 사실 2등은 어디에나 있다. 두 번째로 인상에 남은 것, 두 번째로 잊기 어려운 것, 두 번째로 좋아하는 것, 두 번째로 잘하는 것, 두 번째로 받은 고백 같은 것까지…….

1등이 되고 싶었지만 되지 못한 일, 또는 될 수 없던 일, 또는 될 필요 없던 일. 그런 것들은 없었던 일인 듯 지나가지만, 줄곧 살아 숨쉬고 있다.

056

현실과 싸우기 위한 무기 한 벌

'좋아하는' 것을 일로 삼으라고 한다. '동경하는' 것을 일로 삼으라고 한다.
그러나 현실은 그렇게 달콤하지 않다. 그런 것만으로는 살아갈 수 없다. 우리들은 교과목 외에 알아야 할 현실과 싸우기 위한 무기가 필요하다. 그 무기에 대해 생각해 본다.
먼저, 자신이 무엇을 좋아하는지 알아야 한다. 그리고 지금 무엇이 팔리고 있는지, 무엇을 필요로 하는지, 필요하지 않은지를 알아야 한다. 그러기 위해서는 흥미와 애정, 시장 감각이 필수다.
다음으로, 지금 무엇이 안 팔리는지를 알아야 한다. 무엇을 원하는지도 알아야 한다. 현실에의 불만, 권태, 우울, 원망…… 전부

힌트가 된다. 자신의 결핍감에 솔직해져야만 한다.

마지막으로, 지금 무엇을 만들 수 있는지 알아야 한다. 배짱이 필요하다. 행동력도 필요하다. 다소 운도 필요하다.

흥미와 애정, 시장 감각, 결핍과 솔직함, 배짱, 행동력. 그리고 다소의 운.

그런 것들을 연결시킨 필연을 세상은 '적성', '재능'이라고 부른다. 어떤 것 하나가 결여되면 '겁쟁이', '한탕주의자', '따라쟁이'. 여기에 고집이 더해지면 '일'. 누군가 기뻐해 주면 '천직'. 태만이 더해지면 '돼지 목에 진주 목걸이'인 것이다.

057

초짜라는 걸
부끄러워하지 마

무언가 한 번도 해보지 않은 일을 과감히 시작했다고 하자.
그러면 자신의 어중간함에, 못남에, 불완전함에 거의 구역질이 날 지경이 된다.
"괜찮아, 처음엔 다 그런 거야."
그런 위로를 받아도 전혀 그렇게 생각되지 않고, 생각할 수도 없다.
그래도…… 담담하고 조용히 계속 나아가는 수밖에 없다.
가장 불필요한 것은 부끄러움이다. 그저 지속하는 수밖에 없다.

058

속았다고 생각하고
해본다

어쩌면 머리가 아픈 것은 물을 마시지 않아서일지 모른다. 단것을 먹지 않아서일지 모른다. 아니면 어깨 결림 탓일 수 있다. 어깨 결림은 스마트폰을 계속 보고 있었기 때문일 수 있다. 모든 걸 다 제쳐놓고, 44도 정도의 물을 받은 욕조에 몸을 담그면 조금 편안해질 수 있다.

이런 일들을 일일이 가르쳐준 사람이 있었다. '설마, 그러려고…….' 생각하면서도 막상 해보니, 진짜로 그 말 그대로였다. 우리는 이런 일을 흔히 겪는다.

059

심미안이란 위화감을 찾는 능력

딱 한 번, 미술대에 재학 중인 여학생이 즉석에서 그림 그리는 것을 내게 보여준 적이 있다. 그림을 그리면서 그는 아주 잠깐 동안 손을 멈추고 전체를 바라보았다. 그 순간이 몇 번이고, 몇 번이고 반복되었다. 묻지 않아도 '무언가 이상한 점은 없나' 하고 위화감을 찾고 있다는 걸 알았다. 그 눈으로 수많은 그림과 화집을 보아왔다는 것도 알았다.

얼마 안 가 그는 프로 일러스트레이터가 되었다.

디자이너인 다른 친구도 마찬가지로 위화감에는 가차 없다.

한 기업이 10년에서 20년간 회사 안팎에서 사용하는 로고나 서체 같은 것을 디자인하는 그는, 한 글자 한 글자의 아주 미세한 조정에 수십 수백 시간의 공을 들인다. 공을 들이는 시간은 조금씩 달라도, 유튜버나 미용사도 그들과 같은 일을 하고 있단 사실을 쉽게 유추할 수 있다.

우리들의 일상 수준에서도 '위화감'은 항상 요구되는 감성이다. 예를 들어, 요리는 맛있게 만드는 것보다 '맛없다고 느껴졌을 때, 어떤 조미료가 부족한지 경험으로부터 바로 판단할 수 있는 것'이 더 중요하다.

데이트도 마찬가지이다. '둘이서 맛집에 간다', '힙한 장소에 간다'고 하는 계획보다 '만약 그 집이 맛이 없더라도, 그 장소가 시시하더라도, 얼마나 그 순간을 즐겁게 만들 수 있는지'의 수정 과정이 더 중요하다.

다시 말해서, 감성이나 센스란 심미안을 말하는 거라고 할 수 있겠다. 그리고 이 심미안이란 위화감을 가리킨다. 위화감의 시행착오인 것이다.

위화감을 단련시키기 위해서는 아름다운 것을 많이 접하는 일이 중요하다. 그러나 그것만으로는 부족하다.

추하다고 일컬어지는 것, 불쾌하다고 느껴지는 것, 일견 도움이 되지 않는 듯 보이는 것, 비뚤어졌다고 느껴지는 것을 '왜 그런 걸까', '왜 거기에 있는 걸까', '의도적인 걸까 혹은 단순한 실패인 걸까' 같은 고찰과 함께 부단히 그리고 객관적으로 주목해야만 한다.

다시 말해서 풍부함이란, 눈앞의 빈궁함에서 걸레를 짜듯 교훈을 짜내는 연금술 같은 것이라고 할 수 있다.

060

안됐지만, 이 세상에 운이란 건 엄연히 존재한다

딱 하룻밤, 조난당한 적이 있다.

다시 생각하고 싶지도 않다. 이유가 너무 바보 같아서.

6월의 늦은 밤, 친구 K와 후지산으로 드라이브를 갔다.

원래는 그저 바다처럼 펼쳐진 숲을 보고 싶다는 단순한 충동이었다. 차로 5부 능선까지 올라갔다. 아마도 인생 최초의 후지산 앞에서 우리는 흥분했던 것 같다. "7부 능선까지 걷고 바로 돌아가자."라고 합의하고 같이 걷기 시작했다. 우리가 걸어갈 길, 걸어온 길 전부가 어둠이었다. 올려다보니 이상하리만치 수많은 별들이 보였다.

우리는 아무런 산악 장비 없이 봉쇄선을 넘었다.

스마트폰의 라이트 기능에 의지하며 산길을 올라가자니 왠지 아련한 향기마저 느껴졌다.

7부 능선까지 무사히 도착했다. 하지만 경험한 적 없는 숨 막힘이 엄습했다. 이슬비가 내리기 시작했다. 공기 중의 산소량이 줄어든 게 확연히 느껴졌다. "조금 쉬었다 바로 돌아가자." 그렇게 대화를 나눈 순간, 커다란 빗방울이 떨어져 내리기 시작했다.

그리고 소름 끼치는 일이 일어났다.

바로 앞에 K가 있었는데, 그의 얼굴이 보이지 않았다. 비와 동시에 파고든 엄청난 농무. 그 두꺼운 흰 벽에 둘러싸여 반 보 앞에 있을 게 분명한 그의 얼굴이 보이지 않았다. 기척만이 희미하게 느껴졌다.

눈을 의심했다. 눈앞에 있던 등산길이 보이지 않았다. 내려가는 길은커녕 발끝도 잘 보이지 않았다.

생각 없이 걸었던 탓이다. 구름을 신경쓰지 못했다. 이제 별은 전혀 보이지 않았다.

순간 비틀거리다 옆에 있던 돌을 찬 모양이었다. 그 돌덩어리들이 미끄러져 떨어지는 소리가 언제까지고, 언제까지고 아래쪽에서 울려 퍼졌다. 내 한 발 바로 옆에 절벽 같은 게 있는 것 같았다. 하지만 그것마저도 하얀 연무로 보이지 않았다.

고작 몇 초 만에 우리는 완벽하게 조난자가 되었다.

날이 새기까지는 수시간. 공포로 체온이 더욱 빠르게 떨어지는 게 느껴졌다. 스마트폰의 배터리는 10퍼센트 남짓. 어리석었다는 건 때늦은 후회였고, 이제 생사가 걸린 사태에 이르렀다. 조난당했을 때 어떻게 대처해야 하는지 찾아보려고 해도, 당연한 일이지만 인터넷이 연결될 리 없었다.

“어쩌지?” 내가 말했다.

“아까 거기로 돌아가자.” K는 망설임 없이 대답했다.

‘하지만 어떻게?’라고 물을 새도 없이, 아무것도 보이지 않는 그 농무 속을 그는 맹렬하게 전진하기 시작했다. 서둘러 뒤를 쫓았다. 한 발 잘못 딛었다간 추락하고 말 것이었다. 젖은 발로 구른다면 분명 접지를 것이고, 길을 계속 잘못 든다면 더욱 조난의 늪에서 헤어나지 못할 것이었다. 그럼에도 불구하고 순백의 어둠을 K는 왼쪽, 오른쪽, 왼쪽으로 나아갔다. “잘 기억나진 않지만 아마 이쪽일 거야.”라고 말하면서.

“이러다 죽겠다.”란 내 말에 “하지만 우린 이제 스무 살인걸.” 하고 그가 답했다.

전후좌우, 끝없는 하얀 악의에 둘러싸인 느낌이었다. “지금 바로 넘어져서 죽어버려!”라는 속삭임마저 들리는 듯했다. 굴러

떨어질 것처럼, 우리는 보이지 않는 길을 걸어 내려갔다.
몇 시간이나 걸렸을까.
기적적으로 K는 우리가 출발했던 5부 능선까지 나를 인도해 주었다. 주변은, 태양이 떠오를 가능성을 영원히 잃은 듯 여전히 어둠의 한가운데였다.
"길을 어떻게 알았어?" 내가 묻자 "몰랐어. 본능이지."라며 K는 머리를 저었다.
옷은 비와 식은땀으로 흠뻑 젖고, 부츠에 묻은 석회 같은 하얀 진흙은 전혀 떨어지지 않았다. 몸 전체가 진흙과 멍투성이였다. 손으로 가슴을 문질러 열을 내보려고 애쓰다 차로 돌아오자마자 우리는 실신하듯 잠이 들었다.
조난 경험자는 모두 그런 모양인데, 떨어진 체온이 완전히 돌아오기까지는 그로부터 수일이 걸렸다.
그날 뼈에 사무치도록 알았다. 자연의 공포도 공포였지만, 그보다는 절체절명의 사태라도 거뜬히 생환할 수 있는 종류의 운을 가진 자가 엄연히 존재한다는 사실을. 그 사실이 너무도 불공평하게 느껴졌다. 나 혼자 조난당했더라면 차까지 돌아오지 못했을 것이다. 시력 2.0이라도 그때는 아무것도 보이지 않았으니까.

이 세상에 팔자가 좋은 인간은 확실히 있다.
반대로 팔자가 박한 인간 또한 확실히 있다.
그리고 유감스럽게도 운이라는 것도 존재한다.
그 후 K는 지인의 연출로 연애 리얼리티 프로그램에 출연하여 거의 아이돌이 되었고, 그게 질리자 일류 기업에 취직하여 순풍에 돛단 듯한 인생을 살고 있다. 나는 어떠냐고? 앞서도 고백했던 것처럼 팔자가 박하다고밖에 할 수 없을 정도로 불운의 연속이다.
어쩌다 K와 만났을 때 그는 그날의 조난을 그리운 듯 회상하며 말했다. "그건 대체 뭐였을까?"
나는 안다. 그건 운이었다. 우리가 살아남은 건 운이라고밖에 할 수 없다.
운이 치솟을 때는 상대방이 아무리 노력으로 무장하고 싸워도 이길 수 없다. 운이 내릴 때는 겸허히 받아들이는 수밖에 없다.
한 가지 더! 한밤중에 후지산 같은 데 오르는 거 아니다.

061

지금 당장 폴더 안에 넣어두어야 할 일곱 가지 리스트

① 죽기 전에 하고 싶은 100가지 리스트

어느 시대라도 내 욕망에 충실한 것이 최고의 사치이다.

② 갖고 싶은 물건 리스트

때로는 불필요한 물건이야말로 인생에서 진짜 필요한 것이다.

③ 보고 싶은 영화, 책, 공연, 전시회 리스트

어른이 되면 언제나 같은 것을 반복해서 보게 된다. 주의하자.

④ 연인이나 친구와 하고 싶은 일 리스트

데이트 코스는 세 가지 이상 준비하는 것이 어른의 의무가 아니겠는가.

⑤ 누구에게도 해보지 못한 이야기 리스트

없었던 일로 만들면 그 이야기는 진짜 없어져 버린다.

⑥ 아주 작은 일의 기획

어떤 탁월한 기획도 맨 처음에는 단 한 줄로 시작된다.

⑦ 해본 일 리스트

유감스러운 어제도, 고상한 내일도 아니고, 인간은 평범한 오늘 한 일이 전부다.

일곱 번째 리스트에 대해서만 구체적으로 서술하자면, 이 리스트는 '단어 레벨의 일기장'이다. 내가 가장 빈번하게 갱신하는 리스트이기도 하다. 읽은 책, 본 영화, 처음 간 가게, 처음 내려본 역, 처음 가능해진 일…… 그런 것들을 단어만 적어놓는다. 스스로도 이런 게 무슨 도움이 될까 자주 생각하지만, 적을 때와 다시 볼 때, 역시 조금은 기쁘다. 무엇 하나 없었던 일로 만들고 싶지는 않으니까.

062

인풋 아웃풋의 최종 정의

아무래도 인풋, 아웃풋이라는 단어를 잘못 알고 있는 것 같다.
인풋의 대표적 행위인 독서나 영화 감상, 일상적으로 접하는 뉴스, 동영상, 강연, 그밖에 궤도를 벗어난 온갖 종류의 공부들… 이런 것만이 인풋은 아니다. 일기나 사진, SNS, 블로그, 동영상 같은 것만이 아웃풋도 아니다. 그것은 '행위에 치우친' 활동일 뿐이다. 그 이상도 이하도 아니다.
자신의 마음이 움직이는 것이 진정한 인풋이다.
누군가의 마음을 움직이는 것만이 진정한 아웃풋이다.
뭐라도 좋다, 어떤 형태를 하고 있어도 상관없다.
마음을 움직이게 하는 시간만이 기억에 남는 시간, 살아 있는 시간이다.

063

인생을 통째로
착각하지 않으려면

그리움은 환상, 사랑은 비눗방울. 행복도 불행도 착각이다.
그것만이 아니다.
일을 하고 있으면 일단 제대로 된 인간이 된 기분이 든다. 공부하고 있으면 일단 현명해진 기분이 든다. 그러나 실제로는 일도 공부도 그냥 작업일 뿐이다. '무언가 된 착각'을 하면 인생을 통째로 착각하게 된다. 그러니까 더욱 살아 있다는 증거로써의 아웃풋이 필요하다.
많으면 많을수록 좋다. 강하면 강할수록 좋다. 빠르면 빠를수록 좋다. 당신과 같은 생각을 가진 누군가가 당신에게 양보 따윈 해주지 않을 테니. 치밀함은 일단 미루어 놓고라도…….
아웃풋은 가능하면 노동자로서가 아니라 한 개인으로서 하는 게 좋다. 어느 날 사무실이 폭파당한다 해도 당신만의 지견은 도움이 될 것이다.

그때를 위한 인풋이다. 노는 것은 일하기 위해서, 듣는 것은 말하기 위해서, 읽는 것은 글을 쓰기 위해서, 보는 것은 만들기 위해서……. 그 예정을 탐욕으로 일으켜 세우고, 예정 외의 것도 아울러 삼켜 무언가를 발표해야만 한다. 서두르자!

064

저녁형 인간은 당돌해지는 수밖에 없다

때로는 그만두는 것도 중요하다. 저녁형 인간은 즉각 '아침 기상'을 그만두는 게 좋다.

2019년 영국 엑서터대학의 연구자가 발표한 충격적인 논문은, 아무리 생각해도 100년 전에 발표되었어야 마땅할 내용이었다. 한마디로 말하자면 "저녁형인지 아침형인지는 유전자로 결정된다."는 내용이다.

세계는 당연하게도 아침형 인간에 맞춰진 시스템이다. 논문에 의하면, 저녁형 인간은 아무리 노력해도 아침형 생활에는 순응할 수 없다. 가끔 주기가 늦어지는 수면 사이클로 저녁형 생활이 아침형으로 흘러가는 일은 있다. 그러나 인간은, 유전자에게 거스를 수가 없다. 결국 저녁형으로 되돌아온다. 저녁형에게 정신질환이 많은 게 '저녁형이기 때문'인지, '아침형의 세계에 적합하지 않기 때문'인지까지 논문은 추적하지 않았다. 닭이 먼저냐 달걀이 먼저냐는 증명할 수 없는 것일 테다. 하지만 매운 걸 못 먹는 사람이 극강의 매운 맛을 경험한다면 몸에 이상이 온다는 사실쯤은 누구라도 추측할 수 있다.

당연히 나 또한 저녁형 인간이다. 게다가 잠이 아주 많기도 하다. 생각해 보면, 여섯 살 즈음부터 오후 네 시 기상, 아침 일곱 시 취침을 주로 하는 아이였다. 부모님도 담임 선생님도 화를 냈다. 등교 거부라도 할 참이냐며 화를 냈다. 등교 거부고 뭐고 쿨쿨 자고 있는 사이 나와 상관없이 학교는 시작하고 끝났다. 중학교, 고등학교, 대학교도 일어나면 대부분은 끝나 있었다. 저녁형 생활이 원인이 되어 연인에게 차인 적도 있다. 돈이 없으니 할 수 없이 아르바이트나 일을 하느라 아침에 일어나기도 했다. 하지만 길게 가지는 못했다.

참으로 송구스럽지만 무리인 건 무리다. 평생 무리인 거다.

아침형 여러분은 아침부터 런닝이든 핫요가든 뭐든 하시고, 다만 저녁형 인간에게 아침형 생활을 강요하는 것만은 참아주시길. 애당초 유전자 레벨에서 불가능하다는 것을 알아주었으면 한다. 그리고 저녁형 인간은 저녁형인 채로 살아갈 수 있는 생활을 확립하는 게 좋다. 자칫하다간 아침형 세계의 근저에 있는 가치관 자체를 적으로 돌릴 수 있기 때문이다.

안타깝게도 이 모든 건 유전자가 정한 일. 어쩔 수 없는 일이다.

저녁형은 당돌해지는 수밖에 없다.

그리고 여러분, 하루 여덟 시간 이상은 꼭 자자. 수면 부족은 언제나 옳지 않다.

065

진지하게 살다 보면
어느 날 갑자기 우울증에 걸린다

"죽고 싶어지면 잠을 자라. 잠들지 못하겠다면 해돋이를 보러 가라."고 가르쳐 준 분은 국어 선생님이었다. "만약 마음이 먼저 죽어버릴 것 같으면 카메라를 가지고 걸어. 바깥 세계에 내면의 감도를, 강제적으로 올려."라고 가르쳐 준 것은 직장 선배였다.
그들의 말을 떠올릴 때마다 나는 기뻐진다. "그래도 인간은 강인하게 살아간다. 그러니까 안심해. 그리고 절망해라." 하고 말해주는 것 같아서.
사람은 진지하게 살다 보면 어느 날 갑자기 우울증에 걸리게 된다. 내 친구 중에서도 두 명 정도 경험자가 있다. 어떻게 해서 계속 살아갈 수 있었는지 그들에게 물었다.
한 친구는 "뭐가 어찌 되었든 '나는 죽어야만 한다'에서 뭐가 어찌 되었든 '나는 살아야만 한다'라는 방향으로, 마음의 레버를 계속 돌렸어."라고 답했다. '살까, 죽을까?'가 아니라 일단 '산다'의 방향으로 계속 논리적 비약을 해나갔다고 한다. 심신이 건강하신 분들에게는 이런 그의 생각이 무슨 의미인가 싶을지도 모르겠다. 그러나 나는 아주 현실적인 대처법이란 생각이 들었다.

다른 한 친구는 "만드는 것에 집중하기로 했어."라고 했다.

"영화, 음악, 소설은 더 이상 아무런 울림도 주지 않았어. 유튜브, 인스타그램, 트위터를 보아도 성공한 인간들뿐이라 눈부시기만 했지. 그래서 내가 재미있다고 생각하는 걸 만들기로 했어. 두 손과 스마트폰이 있고, 문장도 쓸 수 있으니까. 그저 쓰고, 쓰고, 또 써내려가는 사이, 해결되지 않는 문제와 해결할 수 있는 문제 같은 게 점점 억지로라도 구분이 되더라고."

'죽고 싶어지면 글로 써, 써도 해결되지 않는 문제와는 싸우는 수밖에 없어'라는 말이었다.

확실히 나도 어찌할 수 없는 일은 글로 쓰고, 쓰고 쓰면서 잊어온 인간이다.

일기나 사진은 어찌할 수 없는 일을 어찌할 수 없는 상태로 보존할 수 있는, 무엇과도 바꿀 수 없는 용기인 것 같다. 무엇이든 없었던 일로 만들어버리는 것은 아깝지 않은가.

사람은 물건을 사는 것만으로는, 소비하는 것만으로는 절대 만족할 수 없게 만들어져 있는 것 같다. 주체성을 포기해서는 안 된다.

그리고 최후의 보루는 자신이 만들어서 사수해야 한다.

066

말보다 행동, 사진보다 영상, 숫자보다 정서

어른을 판단할 때에는 학력도 경력도 연봉도 무의미하다.
부모 재산의 반영치일 수밖에 없는 개개인의 학력을 보기보다, 본인이 지금 무엇을 어느 만큼의 전력과 질량으로 배우고 있는지를 보는 게 좋다.
사회적 지위나 경력, 연봉으로 사람을 보기보다, 무직이 되어도 이 인간이 다시 일어설 수 있는지, 어떤 정열과 이성으로 무장하고 살아가는지를 바라보는 게 좋다. 과거보다 미래다.
어떤 말을 하고 어떤 글을 쓰며 어떤 이야기를 올리는지로 사람을 보기보다, 어떤 말을 하지 않고 어떤 글을 쓰지 않고 어떤 내용을 올리지 않는지로 사람을 보는 것이 이 시대에는 옳다. 보여주지 않는 것에 오히려 본질이 있다. 연령이라는 숫자도 역시 의미를 지니지 못한다. 늙었어도 젊은 사람은 젊다.

차림새나 가지고 있는 물건으로 사람을 보기보다, 하나의 물건을 얼마나 소중히 여기는지를 보는 게 좋다. 아아, 그러고 보니 사진보다 동영상 쪽이 예쁘게 나오는 사람도 많다.

말보다 행동, 사진보다 동영상, 숫자보다 정서, 과거보다 미래다.

067

다른 누군가를 행위의 중심에 두지 말 것

부모나 교사에게서 "너를 위해서 하는 말이야."로 시작되는 충고를 자주 듣는다. 하지만 대체로 인간은 자신의 일밖에 생각하지 않는다. 아니, 생각하지 못한다.

어차피 인간은 타인의 인생을 책임지지 못한다.

그런데 '너를 위해서'라는 건 의외로 그 뿌리가 깊다. '그 사람에게 인정받고 싶으니까 이것을 한다', '그 사람이 돌아봐주길 바라는 마음으로 이것을 한다'는 건 정말 자주 있는 일이다. 얼핏 보면 강한 동기 부여처럼 보인다. 그러나 그러한 동기로 움직이는 사람을 나는 믿을 수 없다. 만약 '그 사람'이 없어지면, '그 사람'의 마음이 변하면, 본인의 노력은 어찌 되는 건가? 애초에 '누군가'를 희생양으로 한 행위에 힘이 있을까?

아니, 그럴 리 없다. 무엇보다 당신에게 소중한 '누군가'를 따분하게 만들어버린다.
그러니까 행위는 '누군가를 위해서'가 아니라, '나를 위해서'인 편이 낫다.
보다 에고이스트적인, 보다 본능에 기인한, 보다 속마음에 뿌리박힌 동기를 설정하는 게 좋다. 내면에서 뻗어 나온 행위일 때 쉽게 흔들리지 않고, 나아가 불멸하기 때문이다.

068

실망학과 스톡홀름증후군

앞서 말해두지만, 이것은 연애 이야기가 아니다.

어느 날의 일이다. "그 사람이 바람을 폈어." 하고 지인이 이야기를 시작했다.

"근데 바람피운 상대가 한 사람이 아니야. 유흥업소에도 막대한 돈을 썼더라고. 출장 접대도 부르고. 스마트폰을 훔쳐봤지. 그래서 추궁했거든. 막 화도 내고. 그랬더니 용서해 달라고 하더라고. 다신 안 그런다고, 바뀔 거라고. 그런 상투적인 말까지 들었다니까. 어떻게 생각해?"

나는 "생각하고 말고 할 게 어딨어? 당장 헤어져."라고 말했지만, 그는 "만약에 말이야." 하며 말을 이었다. "어쩌면 고쳐질지도 모르잖아. 그 사람이 그러는 건 따지고 보면 어렸을 적부터 엄마와의 관계가 나빴기 때문이거든. 그 사람이나 나나 그 문제의 근본을 직시해서 극복할 수 있다면 아직 희망이 있어. 그 사람에겐 내가 있어야 해." 그는 눈물을 흘리면서 이렇게 말했다.

'나는 옳다', '나는 진심이다'라고 생각하는 순간, 인간은 대개 잘못된 결단을 내린다. '그 사람에게는 내가 없으면 안 돼'라고 말하는 사람일수록 대부분 상대에게 의존하고 있을 가능성이 크다.

소위 스톡홀름증후군이라고 말하는 그것이다. 유괴, 감금의 피해자는 생존 본능으로 범인을 좋아하게 된다. "그 사람, 근본은 착한 사람이야." 같은 말을 한다. 가끔 '성폭행, 직장 내 괴롭힘, 바람, 도박, 빚, 실언, 폭언, 폭력'을 휘두르지만 근본은 착한 사람이라고.

하지만 냉정하게 생각해 보면 그 말은 너무나 이상하다. 근본이 착한 사람이라면 처음부터 그런 짓을 안 해야 하는 거 아닌가? 그러니 '근본은 착한 사람'이라는 건, 즉 나쁜 사람이라는 거다. 그런 사람은 직장에도, 거리에도, 어디에든 널려 있다.

인간이라면 누구든 남에게 알리고 싶지 않은 어두운 과거가 있다. 바람피우고 폭력을 휘두르는 당사자도 과거에 분명 무언가 있었겠지만, 나이를 그렇게 먹고도 그 근간을 스스로 청산하지 못했다면 그 인간은 그저 응석받이일 뿐이다. 내 빚을 남이 갚

게 하려는 못된 놈일 뿐이다.

그래서 나는 도망치라고 말했다.

"그런 사람에게서는 한시라도 빨리 도망쳐. 마음속 깊이 실망하라고! 넌 아무것도 할 수 없어. 할 의리도 없고. 내가 남을 바꿀 수 있다는 생각 자체가 착각이야. 넌 누군가 널 바꿀 수 있다고 생각해? 말도 안 되는 일이잖아!"

그러나 그는 이렇게 말했다. "아니야, 이미 결심했어. 나는 끝까지 그 사람 옆에 있어줄 거야. 아, 근데…… 이건 비밀인데, 실은 나도 한두 번 바람피운 적이 있어."

사랑, 찬연하기도 하지. 사람은 슬픈, 슬픈 동물인 거야.

나는 어느 순간부터 그의 이야기를 듣고 있지 않았다.

069

미움받는 것도 사랑받는 것도,
아무렴 어때

'미움받고 싶지 않아'일 때 가장 미움받는다는 사실이 재미있다.
거리를 두고 싶은 사람과는 대체로 전혀 거리를 두지 못하는 것도 재미있다.
어차피 무슨 말을 해도 노여움을 산다면 하고 싶은 말을 계속하면 되는 게 아닐까.
그리고 다른 누군가에게 사랑받으면 되는 게 아닐까 싶다.
그건 또 그것대로 지겨울지 모르지만, 지겨워지면 그때 다시 망아지처럼 날뛰면 되지 않겠는가?

070

지루함을 죽이다

호텔에서 아르바이트를 하면서 처음으로 '좋은 서비스를 받고 싶다면 좋은 손님이 되자'라는 말의 의미를 알았다. 십수만 자의 장문을 쓰고 처음으로 무언가 만들어 내는 사람의 신념과 무지막지함을 알았다. 그래서 더 이상 나는 소설이나 영화의 뒷담화를 거의 하지 못한다. 재미없는 것은 재미없다고 묵살해도, 재미있었던 것은 재미있었다고 크게 외치자고 마음속으로 다짐했다. 만든 이의 마음이 남몰래 죽어버리지 않도록.

실직하고 처음으로 한가함의 지옥을 알 것 같은 기분이 들었다. 매일 아침 당연한 듯 회사에 가는 엄마나 아빠는 무적에 가까웠다. 사람에게 돈을 빌리는 아픔도 알았다. 몰라도 좋았을 일이었는지 모른다. 하지만 알아서 다행이다.

'그것에 대해서는 이미 알고 있다'고 생각할 때 인간이 지루해진다는 걸 감안하면 '나는 그것에 대해 아무것도 모른다'고 한 발 물러설 때 우리들은 지루하지 않을 수 있다. 해본 적 없는 일은 그것을 경험할 때까지 잘 모른다.

그러니까 나는 아직 아무것도 모르는 셈이다. 어쩌다 알 것 같은 느낌이 드는 것일 뿐.

071

나이를 잊어버리자

연상은 연하 대하듯 하는 게 좋다. 의외로 귀엽고, 의외로 어른이 되지 않았고, 의외로 어린 구석을 꿰뚫어 보고 어리광을 부리도록 판을 깔아주는 게 좋다. 사실 여자가 여자인 것에 묶여 있고, 남자가 남자인 것에 묶여 있는 것처럼 연상 또한 연상이라는 사실에 묶여 있다. 그것을 풀어주는 것이다.
연상이라는 갑옷을 벗겨주는 게 좋다.
연하는 연상 대하듯 하는 게 좋을지 모르겠다. 나이에 비해 어른스러운 부분, 경험이 풍부한 부분, 좌절해도 다시 일어난 개인사 등을 찾아 진지하게 칭찬하고 기대는 게 좋다. 그것이 결국은 그들의 자신감이 되기 때문이다.
상대의 나이는 일단 잊어버리는 게 좋다. 물론 자기 자신에 대해서도 마찬가지이다.

어른스럽지 못한 행동을 잔뜩 하는 게 어른의 참다운 묘미 아니겠는가.

072

사랑하는 일의 한 측면으로

듣고 싶어 하는 말은 해주자. 해주고 싶은 일은 해주자.
모든 '주는' 행위에는 앞장서는 게 좋다. 줌으로써 돌아온다. 신뢰하는 것으로 신뢰받는 것처럼, 이야기함으로써 듣게 되는 것처럼…….
나는 '이 사람을 믿을 수 있을까?'라는 자기 보호적으로 사람을 보기보다 '이 사람이라면 배신당해도 상관없어'라는 미련 없는 마음을 가지고 싶다. '이건 완벽한 걸까?' 같은 마이너스 방식으로 상황을 보기보다 '이걸 재미있게 만드는 건, 키워서 사랑스럽게 만드는 건 나 자신이야!'라는 플러스 방식으로 접근하고 싶다.
남 탓으로 돌리지 않기! 마지막으로 책임은 전부, 내가 짊어져야 한다.

073

'외국에는 갔다 오는 게 좋다'는 설에 대하여

사람들은 흔히 "외국에는 갔다 오는 게 좋다."고 말한다. "새로운 자신을 발견할 수 있다." 같은 말도 한다. 나도 20대에 많은 사람들에게 그런 소릴 들었다.

그러나 나는 한 번도 외국에 가본 적이 없다. 굳이 말하자면 외국보다 국내를, 일본어를 좋아하고, 도쿄에서 할 수 있는 밤소일을 다 알고 싶다고 생각하다 보니, 여태껏 한 번도 외국에 갈 여유가 없었다. 나는 아직 일본에서 가장 깨끗하다는 고치현의 시만토강 물을 양손에 담아 마셔본 적도 없고, 한밤중에 돗토리현의 사구에서 달을 바라본 적도 없다. 가을날 교토에서 에로틱한 데이트를 해본 적도 없거니와 바다의 벼랑 끝에서 다이빙을 해본 적도 아직 없다.

물론 인도에는 무언가 정체를 알 수 없는 대단한 것이 있을 수도 있다. 하지만 그 사치는 30대, 40대에 누려도 되지 않을까 싶다.

가고 싶은 마음이 들 때, 그때 가면 된다. 어떻게든 외국에 나가야 한다고 생각할 만큼 외국에 있는 무언가가 더 훌륭하다고 생각한 적도 없다.

074

다정한 사람

얼핏 모두에게 다정해 보이는 사람은, 남에게 전혀 관심이 없든가 전혀 기대하는 게 없기 때문에 누구에게라도 관용을 베푸는 것처럼 보일 뿐이다. 사실은 아주 차가운 사람이다. 그런 상냥함에 속아서는 안 된다.

다정함은 어디에든 굴러다니는 기성품이 아니다. 피가 통하는 것. 그것이 진정한 다정함이다.

얼핏 아주 차가워 보이는 사람은, 인간관계에서 호된 실패를 거듭하여 더 이상 아픈 기억을 만들고 싶어 하지 않는다. 그래서 평소에는 냉정함을 가장한다. 그러나 한 번 사람에게 마음을 허락하면 다 내주고 만다. 사랑스럽고 다정한 사람인 경우가 많다.

딱히 처음부터 정직하지 않아도 된다. 애교 만발일 필요도 없다. 때로 서로의 첫인상은 최악이기도 하니까.

제발 당신은 다가가기 어려운 사람인 채로 남아주길…….

075

다정한 사람이 살아남는다

"결국, 돈!"

"결국, 얼굴!"

젊은 세대들 사이에 이런 말들이 오가는 걸 자주 듣는다.

그럴 리 없다!

얼굴 모양이 판타스틱한 분들도 잘만 살고 있다. 무언가를 팔며 살아가고 있다. 자신의 행동을 팔며 살아가고 있다. 그 행위의 축적이 신용이다. '얼굴'이 아니다. '돈'도 아니다.

신용, 행동 그리고 매매. 사실 조금만 더 깊이 생각하면 본질은 단순하다. 누군가가 상대에게 무언가를 빼앗으려 하는 매매는 성립하지 않는다. 누군가가 상대에게 친절하고자 할 때 매매, 경제, 세계는 성립하는 것이다. 다시 말해서 '다정한 사람만이 살아남는다.'고 결론지을 수 있다.

'결국 회사', '결국 환경', '결국 태생'이 전부라는 말이 하고 싶어지면 '애당초 나는 다정한 사람인가?', '누구에게 다정했던 적이 있는가?'를 생각하는 편이 좋다. 다정함이야말로 가장 강력하기 때문이다.

076

티롤 초콜릿의 법칙, 사회인 1년차의 교훈

가령 직장에서 친하게 지내고 싶어도 접점이 없어 쉽게 다가서지 못하는 사람에게는 티롤 초콜릿을 건네는 것도 한 방법이 된다. 그것도 "아, 이거, 남아서……." 같은 말을 하면서 쿨한 척 주는 게 좋다.

먼저 적의가 없단 것이 전해진다. 그리고 '혹시 나한테 관심 있나?'라고 생각하게 만들 수 있다. '부탁할 게 있나?'라고 생각하게 만들 수도 있다. 처음엔 웃어주는 정도가 딱 좋다. 방심하게 만드는 게 여러 가지로 관계에 좋다. 세 개 정도 있으면 편리하다.

상사에게 혼나러 가는 일이 생겼을 때에도 주머니에 티롤 초콜릿을 넣어두면 좋다. '주머니에 트롤 초콜릿을 넣고 다니는 내게 누가 진심으로 화를 내겠어?' 싶은 마음이 들어 낄낄거리고 싶어진다. 다만 한여름에는 추천하지 않는다. 혼자서 드시길. 물론 살짝 녹아도 맛있다.

이것을 나는 '트롤 초콜릿의 법칙'이라고 부른다.

미안, 내가 단 걸 좋아한다.

077

담배와 잡담,
사회인 2년차의 교훈

나는 애연가이다. 그리고 슬프게도, 담배는 요즘 시대에 아무런 도움이 되지 않는다.
아니, 담배가 나쁘다기보다는 나의 입술을 46시간 덮어줄 사람이 없는 것이 나쁘다.
이 아무짝에도 쓸모없는 물건이 유일하게 도움이 되었던 건, 같은 종류의 담배를 피우는 근무처의 집행위원에게 그럭저럭 사랑받았다는 정도다. 딱히 이유도 없이 연상의 남자에게 한순간 미움받는 일이 잦은 나에게는 고마운 일이 아닐 수 없었다. 간혹 흡연실에서 잡담을 하다 다른 일까지 받아오기도 했다. 그렇다고 라이터를 사라는 말은 아니다.
잡담의 연장선상에 일이 있다. “그런 게 있으면 좋겠는데, 생기면 재미있겠는데, 근데 아직 아무도 하지 않는단 말이지…….”의 연장선상에 일이 있다. 그걸 알아채고부터는 아무 상관없는 이야기라도 주변에 가볍게 떠벌렸다. 그렇게 뿌려둔 이야기가 거래처 사람의 귀에 흘러들어가고, 기획자의 귀에 흘러가 실제로 일이 생겨났다.

하고 싶은 일은 ‘하고 싶다’, 좋아하는 일은 ‘좋아한다’고 말을 퍼뜨려 두어야 막상 비슷한 일이 생겼을 때 주변에서 당신의 이름을 떠올리기 쉽다.

입 다물고 있기보다는 호소하는 편이, 복선을 깔아두는 편이 기회가 늘어나는 법이다.

078

도망쳐도 '그것'은 쫓아온다, 사회인 3년차의 교훈

도망쳐도, 도망쳐도, 도망칠 수 없는 것이 인생에는 있다.

세금이나 유령 따위를 말하는 게 아니다.

정말로 자신이 하고 싶었던 일을 말하는 거다.

"크리에이티브한 일을 하고 싶었는데 영업부에 배속됐어."

"사실 기획서를 쓰고 싶었는데 청구서나 쓰고 있다니까."

이런 푸념들은 주변에 넘쳐난다. 확실히 그건 좌절일 수 있다.

혹은 단순히 운이 나빴다고도 할 수 있다.

그러나 진짜 기획에 목맨 사람이라면 누구에게 맡겨진 일이 아니더라도 기획서 쓰는 일을 멈추지 않는다. 딱 맞춤인 상대에게 딱 맞춤인 순간에 제안한다. 사내든 사외든 상관없이 경쟁에 나선다. 자신의 기획이 가진 진가를 세상에 묻는다.

친구의 이야기이다. 그야말로 대기업 계열사에서 기획실장이 되고 싶었던 그는 본의 아니게도 한 항공회사의 경리부에 배속되었다. 그러나 그는 깨끗이 체념하지 못했다. 3년간, 사내 경진대회마다 끊임없이 기획서를 제출했다. 결국 그 내용이 사장의 눈에 들어 그는 신규 사업 파트를 맡게 되었다. 그는 가만히 있지 않았다. 단념하지 않고, 계속 문을 두드렸다.

한편 원래부터, 진짜로, 전혀 일할 마음이 없던 다른 친구의 이야기도 있다. 그는 졸업과 동시에 들어간 회사를 '상사 얼굴이 맘에 안 들어'라는 환상적인 이유로 1년 만에 그만두고 아제르바이잔으로 여행을 떠났다. 아제르바이잔에선 기름과 물가가 이상하리만치 쌌다고 한다. 그리고 그것을 기회로 아제르바이잔과 일본을 연결하는 수출업과 관광업을 일으켜 막대한 이익을 올렸다. 지금도 그는 "일하기 싫어서 돈 버는 거야."라고 우겨댄다.

사실은 줄곧 영어 교사가 되고 싶어 하던 친구도 있다. 그는 도쿄 중심가의 회사에서 컨설턴트로 5년이나 일했다. 연봉도 결코 나쁘지 않았다. 그러나 '지금 하는 일은 절대 한 사람의 인생을 변화시킬 힘이 없어'라고 결론짓고 회사를 그만두었다. 진짜 영어를 배우기 위해 호주로 떠났던 그는 현재, 방황하는 청소년이 한가득인 지방의 한 중학교에서 교편을 잡고 있다.

진짜 하고 싶은 일. 그것으로부터 눈을 회피하는 일은 여러 번 있을 테지만, 그래도 그것은 반드시 자신의 뒤를 쫓아온다. 없었던 일로 하려고 해도, 없었던 일이 되지 않는다. 결국 그것에 잡힐 것만 같을 때 우리는 뒤돌아서 정면으로 그것과 싸워야만 한다.

그것과 싸워서 이기든 지든, 분명 싸워본 자만이 후회하지 않을 것이다.

079

좋은 상사의 최저 조건, 사회인 5년차의 교훈

만약 누군가 실수를 보고했을 때 "어째서 이렇게 된 거야!"라고 꾸짖었다고 하자. 더욱이 그 '어째서 이렇게'를 다섯 번 정도 반복했다고 하자. 그러면 상대는 저도 모르게 궁지에 몰려 "어제 잠을 못 자서 제가 실수를 했습니다!", "제가 멍청한 짓을 저질렀습니다!"에서 급기야 "저는 태어나질 말았어야 했습니다!"라는 대꾸까지 하게 된다.

문자로 보면 그저 우스갯소리처럼 보이겠지만, 현실이 되면 우스갯소리로 끝나지 않는다. 그런 방법으로 계속 꾸짖다 보면 누구도 당신에게 실패를 보고하지 않게 된다. 상담도 하지 않게 된다. 최악의 경우, 어떻게든 눈에 띄지 않으려고 한다.

따라서 만약 무언가 나쁜 일을 보고 받았다면 무엇보다 먼저

"알려줘서 고맙네."라고 말해야 한다. "조금이라도 이상하다 싶으면 망설이지 말고 내게 물어봐."라고 말해주어야 한다. 그런 말을 할 수 없는 사람은 남의 위에 서서는 안 된다.

080

어른의 의무

“뚱해 있지 말고, 기분 좋게 해. 자기 기분은 자기가 풀어야지. 어른이잖아.”

이런 말을 자주 듣지만, 이 간단한 말을 실천하기는 매우 어렵다. 물론 무척 중요한 일이란 건 안다. 내 기분은 나의 문제가 맞으니까.

‘기분 좋게 하기.’ 그러기 위해서는 혼자 하기 벅찬 일은 잘하는 사람의 호의를 받아들여 함께 해결해야 한다. 혼자서 어떻게든 해보려고 하다가는 제대로 끝내지도 못하게 된다.

남자를 미치게 만드는 데 천재적인 재능이 있는 여자는 ‘상대에게 응석을 부리는 것 자체가 상대를 응석 부리게 만드는 것’이라는 역설의 진리를 알고 있다. 가뜩이나 할 일이 없어 심심한 사람에게 무언가 적당한 역할을 주는 것, 나는 그것을 '현명함'이라고 부른다.
그렇게 적당한 사람에게 적당한 일을 부여하고 가능한 한 자신은 한가하게 보일 것.
만약 누군가에게 부탁을 받는다면, 이번에는 자신이 힘이 되어주면 된다. 보답은 바라지 않고. 그러기 위해서 힘을 기르는 것이다.
여하튼 '기분 좋게 하기'란 가장 강도 높은 일 중 하나임에는 틀림없다.

081

주모자가 되어라

어쩌면 어떤 도움도 되지 않을 이야기를 좀 해보겠다.

만약 하고 싶은 일이 없을 경우, 그것은 아직 일이라는 형태를 띠지 않았을 가능성이 높다. 그리고 그것을 일의 형태로 만들어야 하는 이는 당신일 가능성이 높다.

좀 더 가까운 예를 들어볼까.

인터넷에 떠도는 명언 같은 몇 개의 문구, 연애나 인생의 설교가 당신에게 전혀 도움이 되지 못할 경우, 당신을 구원해줄 말은 당신 스스로 만들어야만 할 수도 있다.

082

사랑과 폭력의 구분

꾸짖음과 화를 구별할 수 있는 사람만이 꾸짖어도 된다, 화내도 된다.
비평과 부정을 구별할 수 있는 사람만이 비평해도 된다, 부정해도 된다.

083

험담에 관한 견해

험담이라든가 매도라는 것은, 당사자가 상처 입을 말을 생각하고 생각해서 출력된, 인간의 악의 중의 악의이다. 여기에 운율과 바이브를 가미하면 디스 랩, 논리와 논거를 더하면 비평, 생소한 아름다움이라도 더해지면 하나의 예술로 취급된다.
험담을 하지 않는 것은 우아한 마음가짐이다.
그러나 인간의 본능은 그리 우아하지 않다.
그리고 상처 주고 싶은 상대에게 가장 깊이 상처 입힐 말을 생각해 낼 때는 '지금까지 내가 무슨 말을 들었을 때 가장 상처받았을까'라는 경험이 아주 큰 참고가 된다.
따라서 험담이란, 험담을 하는 본인이 들었을 때 가장 상처받는 대사를 개진하는 행위나 다름없다. 이 논리를 바탕으로 여러 사람의 갖은 악담을 바라보고 있노라면, '과연 인간의 밑바닥은 다 다르구나!' 감탄하게 된다.

084

악평에 관한 견해

나도 사람인지라 한밤중 욕조에 누워 유튜브로 좋아하는 아티스트의 뮤직비디오 같은 걸 보면 당연히 기분이 좋아진다. 다만 누구에게나 사랑받을 것만 같은 그 아티스트의 영상에마저도 '좋아요'가 아닌 '싫어요' 버튼을 누르는 사람이 있다는 사실이 나를 당황시킨다.
이 세상에는 싫어하는 아티스트의 5분이나 되는 뮤직비디오를 통신료까지 내가면서 본 후 굳이 '싫어요'를 누르고 가버리는 우스꽝스러운 사람들이 있다.
뭔지 몰라도 '내가 상처받은 기분이 드니까 이 녀석에게도 상처를 입혀주겠다' 같은 속셈인 걸까? 오늘밤 함께할 상대를 찾지 못한 것에 열 받아서 혹은 뭔가 그 아티스트가 자신의 연인을 아무렇지도 않게 빼앗을 것 같은 외모라서 무의식적으로 '싫어요'를 눌러버린 것일까?

물론 나도 책을 출간한 후에 친구에게서 "책 제목이 이게 뭐냐! 바보 같은 놈!"이란 소릴 듣기도 하고, 그 50배 정도 가혹한 말을 생판 모르는 남에게 듣기도 했다. '그래도 돈을 내고 읽어준 독자니까 뭐 어쩔 수 없지, 아이스크림이나 먹자!'라고 생각할 뿐이다.

그러나 모두가 나처럼 태평하진 않아서 악플러에게 상처받아 마음이 부서진 사람을 여럿 보았다.

원래 다정한 사람일수록 그런 일에 상처 입는 법이다.

그러하기에 더욱 말하고 싶다.

당신이 무언가를 표현하면, 이야기를 하면, 전하고 싶은 사람이 아닌 사람에게도 전해지고, 영향을 받지 않을 거라고 생각한 사람에게도 영향을 준다. 그리고 때론 거기에서 예상도 못한 나쁜 회신이 온다. 그것은 불운한 일이다.

하지만 다 나쁜 것만은 아니다.

모두가 '좋다'고 하는 것은, 다시 말하면 결국 누구에게도 닿지 않았다는 뜻이니까.

당신은 어떻게든 당신의 일을 계속하라. 담담하고 숙연하게 계속하라.

내가 유튜브 너머로 본 아티스트 여러분도, 굳이 '싫다'고 하는 사람을 위해서는 단 1초도 자신의 인생을 할애하지 않을 것이다. '좋다'고 말해주는 사람의 인생을 응원하기 위해서 그들은 오늘도 마이크를 잡는 것이다.

085

좋은 걸 발견하면
좋다고 소리치자

무언가를 재미없다고 느꼈다면 또는 무언가의 값이 비싸다고 느꼈다면, 당신이 손님은 아니라는 뜻이다. 특별한 경우를 제외하고는 그 '무언가' 자체에 잘못이 있는 경우는 거의 없다. 애초에 양식이 있는 인간은 스스로가 재미있다고 느끼는 것, 자신에게 맞는 것을 발견하는 감각을 키워둘 필요가 있다.
반대로.
당신은 재미있다고 느낀 무언가를 다른 사람은 재미없다고 한다면, '그 무언가'는 당신을 위해 만들어진 것이라고 생각해도 좋다.
좋은 것을 발견했다면 좋은 것을 발견했다고 소리치자.
모두들 좋은 것을 알고 싶어 한다. 무엇보다, 좋은 것을 만든 당사자에게 그 소리는 반드시 닿는다. 그는 좀 더 좋은 것을 만들기 위해 분투할 것이다. 나는 국내 영화를 볼 때 특히 이 규칙에 마음을 쓴다. 왜냐하면 요즘 일본에서 영화감독으로 살아남는 인물이 별로 없으니까.

086

어려운 일을 어려운 그대로 말해주는 사람

어려운 일을 어려운 그대로 말해주는 사람을 신용한다.

어려운 일을 간단히 말해주는 사람이 좋다는 사람도 있다. 확실히 그 화자는 지적이겠지만, 지적이기 때문에 사기적이다. '간단히 줄이지 않으면 전해지지 않는다'고 생각하는 것이다. 혹은 상대에게 그렇게 느껴지게끔 만든다. 그게 아름다운 일일까?

상대방이 '너에게는 진실을 이야기할 가치가 없어'라고 생각하는 건 다름 아닌 나의 패배, 인간관계의 패배이다. 반대로 상대방이 '너는 나에게 진실을 이야기할 생각이 없구나'라고 느낀다면 그건 내 표현의 패배이며, 신뢰의 패배이다.

그러니까 말할 때는 가감 없이 이야기하자. 표현할 때는 가감 없이 표현하자.

상대의 지성을 얕보지 말고, 선의도 악의도 전부 드러내자. 그것이 진정한 다정함이다.

087

불순한 동기, 대담한 전환

프랑스인 여성과 미친 듯이 섹스하는 게 유일한 꿈이라고 떠벌리던 친구가 있었다. 그러려면 프랑스에 가기 전에 프랑스어를 배워야만 했다. 그러나 꿈꾸기를 멈추지 않는 남자 대부분이 그렇듯이 그에게는 돈이 없었다.

어느 날 그는 어학교실을 주최하면 공짜로 프랑스어를 배울 수 있다는 데까지 생각이 미쳤다. 결과적으로 그는 프랑스어를 가능한 한 싸게 배울 수 있도록 학우들을 설득하고, 동네 주부들을 설득하고, 고독한 프랑스인(공교롭게도 여성은 없었다고 한다)을 설득하여 구민회관의 한 작은 공간에서 그들을 만나게 했다.

하여 주 2회, 어학교실이 열렸다. 거짓말 같은 이야기지만, 진짜 일어난 일이다.

결국 그는 자신이 만든 어학교실에서 얻을 것을 얻고 프랑스로 떠났다.

현지의 프랑스인 여성과 '메이크 인 러브'에 성공했는지 어떤지는 각자의 상상에 맡기겠다.

자, 그의 인생에서 얻을 수 있는 교훈은 무엇일까?

물론 '불순한 동기야말로 최고의 동기'라고 생각할 수도 있지만, 나는 '무언가를 배우고 싶다면 오히려 가르치는 쪽으로 대담하게 방향을 돌려라'도 무시할 수 없다고 생각한다.

088

고고한 보석

누구든 하고 있는 일은 누구든 하고 있으므로 가치가 없다.
희소성이 없으면 가치가 없다. 보석도 인간도 마찬가지이다.
베스트셀러 같은 건 다른 사람들이 읽으면 된다. 아직 누구도 읽은 적 없는 책에 관심을 갖고, 누구도 눈치 채지 못한 것을 찾아 독파하면 된다. 영어 자격이나 법률 자격을 따는 건 암기를 잘하는 누군가에게 맡기자. 아직 한 번도, 누구도 이야기한 적 없는 일을 보고 듣고 느끼고, 글을 쓰거나 말하는 사람이 진짜 재미있다.
무리 지을 필요는 없다. 아니, 무리 지어 있으면 곤란하다.
그저 혼자서 살아갈 것 같은 얼굴을 하고 있기 바란다. 그 편이 당신을 찾기 쉽다. 무슨 글을 쓰든 무슨 사진을 찍든, 당신임을 알 수 있는 문체가 있다. 앵글이 있다. 향기가 있다. 어쩔 수 없는 버릇, 그것을 완전히 드러내는 편이 당신을 좋아하게 될 사람이나 당신이 좋아하게 될 사람이 당신을 발견하기 쉽게 만든다.

089

창조한다는 것

제1교는 오자로 가득하다. 고친다.

제2교는 오자는 없지만 혼자 들뜬 것처럼 보인다. 고친다.

제3교는 이미 무엇이 재미있고 재미없는지 알 수 없게 된다. 다른 사람에게 읽힌다. 고친다.

제4교는 딸기 케이크의 딸기가 아직도 부족하다. 딸기를 더한다.

제5교는 완성할 예정이었지만 결국 제9교까지 간다.

공개한다. 두들겨 맞는다. 운다. 초콜릿을 먹는다.

그러나 가장 인내를 요하는 건, 제0교를 끌어안고 사는 시간이다.

090

싫어 죽겠다

'좋아해'보다 '싫어해' 쪽이 힘이 세다.

그리고 '싫어 죽겠다'는 생각은 '좋아하는 것에 둘러싸여 살아가는 것'보다 몇 만 배나 현실에 의거한 입장이라고 생각한다. 당연히 좋아하는 것도 많겠지만, 이 세상은 디즈니랜드가 아니니까.

예를 들면, 서점에 간다고 치자. 수천수만 권의 책, 표지, 제목, 띠지 문구, 목차……. 재미있을 것 같은 책보다 재미없을 것 같은 책이 만 배나 많다. 왜 이 책은 재미없어 보일까? 왜 이 목차는 와 닿지 않을까? 어떻게 하면 와 닿았을까? 그런 생각을 한다.

책은 사람, 사람은 학교. 어느 학교에라도 배워야 할 반면교사는 있다.

영화에서도 이 상황은 변하지 않는다.

진짜 재미없는 영화를 봤다고 치자. 예고편 탓일까? 내 기대치 탓일까? 각본일까, 주연일까? 첫 신의 전개부터 좋지 않았던 걸까? 다시 쓴다면 어떻게 할까? 불필요한 등장인물은 누굴까? 불필요한 시퀀스는 무엇일까? 어떤 대사가 과했을까? 비슷한 장르에서 성공한 작품은 무엇일까, 실패한 작품은 무엇일까? 누구에게 어필해야 그 영화가 성공했을까?

철저하게 대안을 준비하여 처리한다.

'싫어하는 것'은 '좋아하는 것'보다 거의 항상 배울 게 많은 법이다.

그리고 거리를 걷는다. 간판이 있다. 광고가 있다. 마음에 안 드는 단어에 마음에 안 드는 인간이 마음에 안 드는 표정을 하고 있다. 무엇을 어떻게 하면 보다 효과적일까? 그런 방식으로 거리의 사람들을 본다. 대화도 듣는다. 옷도 본다. 그 눈으로 자신을 보면, 내 경우엔 기분이 언짢아져 몸 둘 바를 모르게 된다. 때로는 자신을 아주 차갑고 엄한 눈으로 보는 것도 중요하다.

흥미롭게도, 아무리 내가 싫어하는 것이라도 그것을 원하는 사람이 있다. 심취한 사람도 있다.

왜 그런지 생각한다.

거기에는 예상도 할 수 없는 수요와 공급의 역학이 작용하는 경우가 있다. 상상도 하지 않았던 시대의 불안이, 고독이 걸쳐 있는 경우도 있다. 그 현상의 안쪽에는 누가 있을까, 중심에는 누가 있을까, 주변에는 누가 있을까, 왜 지금 거기에 그것이 있을까를 생각한다. 싫어하는 감정과 춤을 추는 것이다.

그게 가능해지면, 다음에 내가 무엇을 해야 할지 하지 말아야 할지 쉽게 알 수 있지 않을까?

조용히 성내며 살아가자.

091

눈앞의 세계가 전부는 아니다

미국 시골의 한 젊은이가 어느 날 비디오 가게에서 <아폴로13>을 빌렸다.
그러다 깜빡하는 사이 연체가 되었고, 연체를 눈치 챘을 때에는 막대한 연체금이 청구되었다. 젊은이는 너무나도 불합리하단 생각에 성이 났다. 이때 그는 넷플릭스를 생각해 냈다. 이것이 바로 유명한 넷플릭스의 창업 미담이다. 그러나 어차피 미담은 미담. 관계자들이 나중에 만든 이야기임이 분명하다.
얄궂은 것은, 필시 넷플릭스에 가입하면 영화를 미친 듯 볼 줄 알았는데, 마이 리스트에 넣어둔 채 방치하여 정작 나의 호기심을 연체하고 있단 사실이다. 더 얄궂은 것은, 넷플릭스 구독자 수가 절정이었던 시기에 영화관도 역대 최고의 연간 관객수를 기록했다고 한다. 이 말은 '영화관에서는 영화만 봐도 되니까' 라는 동력이었으리라 추론할 수 있다. 그야말로 얄궂은 세상 아닌가.

얄궂은 세상이라고 하니, 이직 에이전트를 하던 친구의 말이 생각난다. 꿈꾸는 이직자들을 매일 홀로 맞이하는 그는 입이 찢어져도 '진짜 좋은 직장에서는 이직자가 절대 나오지 않는다'고 말하지는 못한다고 했다. 한편 다단계 회사에 다니다 이직을 결심한 친구는, 이직할 회사의 면접에서 "우리 회사에 바라는 것은 무엇입니까?"라는 질문에 곧바로 "법령을 준수하는 것입니다!"라고 대답했다고 한다. 무언가 슬픈 울림이 느껴지는 건 나뿐일까.

넷플릭스가 되었든, 아마존이 되었든, 구인 정보가 되었든, '지금 눈앞에 흘러가는 모든 것이 세계의 모든 것은 아니다. 진짜 좋은 것은 간단히 수중에 들어오지 않는다'는 사실을 우리는 쉽게 잊는다. 따분한 것은 세계의 탓이 아닌, 자신의 탓이다. 진정으로 바라는 것은 이쪽에서 잡으러 가야만 한다.

오래된 농담이 떠오른다.

중증의 불면증에 시달리는 환자가 의사를 찾아와 말했다. "잠을 잘 수가 없어요. 머리도 너무 아프고…. 선생님, 약 좀 주세요."
그러자 의사가 말했다. "그거 큰일이군요. 하지만 약보다 좋은 걸 알려드리지요. 마을에 지금 최고의 서커스단이 와 있어요. 그 서커스단의 피에로를 보면 분명 당신도 웃음이 날 겁니다. 한바탕 웃고 나면 평온하게 잠들 수 있을 겁니다."
환자가 말했다. "제가 바로 그 피에로입니다."

만약 우리들이 이 의사라면 피에로에게 "지금 당장 도망쳐!"라고 말할 수 있을까?

092

의존증의 새로운 발견

섹스 의존증, 니코틴 의존증, 알코올 의존증, 고양이 의존증, 도쿄 의존증, 미용 의존증, 영화 의존증 등등. 의존이라는 것에는 그야말로 여러 종류가 있다. 놀랍게도 이 세상에는 장례식에 가지 않으면 돌아버릴 것 같다는 장례 의존증이라는 것도 있고, 외국어에 매달리는 알파벳 의존증도 있다. 친구 중 하나는 푸딩 의존증, 나는 아이스크림 의존증이다.

의존은 병적인 상태라고 인식되어 있지만, 나는 꼭 그런 것만은 아니라고 생각한다. 며칠 전의 일이다. 주요 인플루언서들과 관련된 일을 하는 사람에게 이런 이야기를 들었다. "인플루언서는 본 얼굴 외의 얼굴이 있느냐 없느냐에 따라 얼마나 갈지 알 수 있어. 본업 외에 다른 일을 하고 있는지, 뭐라도 제작·판매하거나 색다른 이벤트를 주최하는지 같은 것으로 알 수 있지."

"꽤나 노골적인 이야기네요."라고 나는 그의 말에 맞장구를 쳤다. 즉 '돈은 하나의 채널로 모을 것이 아니라, 다양한 채널로 모아두는 게 좋다'는 당연한 이야기였기 때문이다.

하지만 이런 시대이니 부정할 수만도 없다.

의존거리를 나누어 놓는 편이 좋은 것은 생활비만이 아니다.

연인을 인생의 전부라고 말하는 사람은 연인에게 버림받는다. 상대방인 연인 입장에서 본다면 부담만 커지니까. 결혼하고 싶어 안달이 난 사람과 굳이 결혼하고 싶어 하는 사람은 적다. 그런 시커멓고 불건전한 생각으로 돌진해 오면 곤란하다. 누구도 당신을 위해서 살아가지는 않는다.

의존 상대가 하나뿐이라면 병. 그러나 의존 상대를 복수로 가지면 다양한 취미의 소유자가 된다.

달리 무언가 의존할 수 있는 제3의 장소, 친구, 기호품, 커뮤니티. 몇 개의 얼굴을 가지고 있는 것이 정신 건강에도 좋다.

지금은 그저 하나의 얼굴로 잘 지낼지라도 결국에 소멸되므로 제2, 제3의 얼굴을 만들어 두자. 본받아야 할 이는 호빵맨이라는 플레이어가 아니라 새 얼굴을 계속 준비해 내는 잼 아저씨일지 모른다.

093

두 번 다시 만날 수 없는 사람

스무 살이 넘어서는 두 번 다시 만나지 않을 사람이 늘어간다.
"또 보자!" 같은 말로 헤어진 다음, 끝.
그리고 '그때가 마지막이었나?' 하고 나중이 되어서야 깨닫는다. 그 반복.
작은 실연에 그리 되기도 한다. 실연이라고도 부를 수 없는 무언가로 그리 되기도 한다. 사별도 있다. 그들은 이제 두 번 다시 내게 다정한 말을 해줄 수 없다. 그리고 나도 결국 그들에게 하고 싶었던 말을 완전히 잃고 말았다.
헤어지는 것이 인생이라고 한다.
사실은 '안녕'이라는 말조차 하지 못하는 것이 인생이다. 후회만이 인생이다.

그는 말보로 레드를 피웠다. 나와 마찬가지로 단 걸 좋아했다. 샤넬의 블루를 애용했다. 그리고 길을 걸을 때 차도 쪽으로 걷는 사람이었다. 남자인 나에게조차 그렇게 배려하는 남자였다. 밥 얻어먹는 것을 쑥스러워하는 사람이었다. 바쁘면 피부가 거칠어진다고 고민했고, 격무에 시달리면서도 일의 고충은 떠벌리지 않았다. 어쩌다 약한 마음을 토로해도 바로 사과하는 사람이었다. 나는 유일하게 그 버릇이 싫었다.

만남의 시작은 트위터였다. 그는 언제나 새벽 한 시에 소식을 갱신했다. 현실적인 일은 투덜대지 않았다. 내가 먼저 '만나고 싶다'고 말을 걸었다. 만남의 장소에 온 것은 예상대로 예의 바르고, 웃으면 귀엽고, 대화를 나누면 재미있고, 그러면서도 친구가 적을 것 같은 남자였다.

여자로 태어나지 않아서 다행이라고 생각했다.

여자로서 남자를 만나면 헤어지고 말 테니까. 나는 그가 좋았다.

그는 진짜 마음속 깊이 생각한 일은 누구에게도 말하지 못하는 사람이라는 걸, 어쩐지 알 것 같았다.

그래서 그의 생일에는 내가 가진 것과 똑같은 놋쇠 지포 라이터를 선물했다. 오일 탱크에 붉은 꽃잎을 새겨 넣어서. 그날 그는 자신의 본명을 가르쳐 주었다. 내 생일에 그는 향수를 선물해 주었다. 진실을 말하면 감귤계 향수는 질색이다. 그래도 그를 만날 때에는 그 향수를 뿌렸다. 처음 책을 출간하게 되었을 때, 나는 그 초판의 견본을 누구보다도 먼저 그에게 보냈다. 그는 솔직하게 기뻐해 주었다. 하지만 2주일 후 그는 사라졌다. 트위터도 인스타그램도 예고 없이 사라졌다. 메신저도 전화도 연결되지 않아 집으로 찾아갔다. 이사하고 없었다. 본명을 검색해도 그의 행방은 알 수 없었다.

무엇이 원인이었는지 알 수 없다.

하지만 왠지 모르게 그런 날이 올 것 같은 예감은 들었다.

그는 결국 그런 사람이고, 그에게 있어서 나는 결국 그뿐이었다.

그렇게 스스로에게 되새겼지만 이미 수천수만 번이나 그와의 기억을 처리하는 데 실패했다.

사별과 이별, 어느 쪽이 힘들까? 나는 아직 잘 모르겠다. 어딘가에 분명 살아 있을 텐데 다시 만날 수 있단 희망이 거의 없는 쪽이 힘든 건지, 두 번 다시 만날 수 없단 사실이 확정된 쪽이 힘든 건지. 아직 잘 모르겠다.

하지만 나는 이 상처를 고칠 마음이 없다. 연고도 안 바를 거고 반창고를 붙이는 짓도 그만두었다. 이제 두 번 다시 만나지 못할 사람에게 아주 작은 복수로써 전하지 못할 편지를 계속 쓰려고 한다. 불꽃을 계속 쏘아 올리려 한다. 어찌하여 당신이 그날 없어졌는지는 알 수 없다. 그러나 나는 지금 여기에서 당신의 존재를 조금도 미화하지 않고, 조금도 싫어지는 일 없이 살아가고 있다. 당신이 어딘가에서 살아가고 있으면 좋겠다고 생각하면서. 그리고 당신은 내가 쏘아 올린 불꽃을 언젠가 우연히 발견하면 된다.

결코 당신을 위해서가 아니라 그저 오로지 구원할 수 없는 내 영혼을 위하여…….

나에게 있어서 일이란 그런 것이다.

✳
094

밤 11시 59분

언젠가의 봄. 긴급 사태 선언 하의 도쿄에 눈이 내렸다.
벚꽃. 그리고 눈. 최악의 시대에 우연한 절경.
걸어서 몇 분 거리에 하나조노 신사가 있었다. 벚꽃이 눈의 습격을 받고 있었다. 정신없이 사진을 찍었다. 하지만 그 사진은 어디에도 올리지 않았다.
다음 날. '아무에게도 보여주지 않은 건데'라는 제목의 벚꽃과 눈 사진을 DM으로 받았다. 모르는 사람이었다. 이런 일은 흔하다. '아무에게도 말하지 않은 건데'라는 이야기를 익명으로 전해 받는 일도 자주 있다. '답신은 필요 없다'는 정해진 문구와 함께. 그래서 나는 그런 경우에는 어떤 답신도 하지 않는다.
한밤중. 보내지 못한 문장, 상대가 읽지 않았던 이야기를 생각한다.

없었던 일로 치부해버린 이야기, 없었던 일이 될 수 없는 이야기를 생각한다.

나는…… 그런 이야기만 듣고 싶다. 그런 이야기만 하고 싶다.

20대에게 바치는 55가지 지견

01 최고의 20대란 최악의 20대를 말한다.
02 적이라고 생각한 이는 대체로, 유감스럽게도 진짜 적이 아니다.
03 꽃길 인생에서 떨어져 나올 수밖에 없을 때, 인생의 본방이 시작된다.
04 도망쳐도, 그것은 등 뒤를 쫓아온다.
05 기다리고 있을 때에 한해서 그것은 오지 않는다.
06 겉모습도 내면도 중요하다. 그래도 배짱이 가장 중요하다.
07 밤새워 놀 체력은 결국 잃는다. 언제든 떠나자.
08 상처받을 기회를 놓치면 인생을 잃는다.
09 '지금 할 수 있다'가 '계속 할 수 있다'를 의미하지는 않는다.
10 '지금 할 수 없다'가 '계속 할 수 없다'를 의미하지는 않는다.
11 욕망에는 날짜를, 꿈에는 기한을, 마지막에는 각오를.
12 돈이 없다는 게 아무것도 할 수 없단 이유는 되지 못한다.
13 지금 하는 일이 쓸데없는 짓임을 정하는 건 지금의 내가 아니라 미래의 나다.
14 해줄 사람이 없으면 스스로 해라.
15 원하는 게 없으면 스스로 만들어라.
16 일을 일이라고 생각하지 마라. 그것은 돈과 연결된 놀이이다.
17 놀이를 놀이라고 생각하지 마라. 그것은 돈과 연결되지 않은 의무이다.
18 소비만 반복하면 우울해진다. 창조하자.

19 사람은 마음이 움직인 순간만을 기억한다.

20 과거도 미래도 아니다. 현재에 모든 신경을 집중할 때야말로 행복하다.

21 단어 사용이 비슷한 사람과는 잘 지낸다.

22 칠칠치 못한 점이 비슷한 사람과는 잘 지낸다.

23 싫은 것을 싫어하는 이유가 같은 사람과는 잘 지낸다.

24 누구도 주목하지 않은 부분에 지불하는 미학의 질량이 비슷한 사람과는 잘 지낸다.

25 의기소침할 때, 약해졌을 때 다가오는 인간이 착한 사람만 있는 건 아니다.

26 경제적으로 보살펴 주는 인간이 선한 사람이라고 장담할 수는 없다.

27 언어를 함부로 취급하는 자는 일도, 인간도 함부로 대한다.

28 아침이 힘든 인간은 평생 아침이 힘들다.

29 얇디얇은 합격 체험기보다 전화번호부 두께의 불합격 체험기가 낫다.

30 친구인지 아닌지는 10년은 지나야 비로소 판단할 수 있다.

31 그러니까 지금은 친구가 한 사람도 없는 게 당연하다.

32 친구는 다섯 명 정도가 좋다.

33 부모님이 허락하지 않아도 된다. 허락하지 않는 기간도 결국 시효가 있다.

34 부모님은 갑자기 돌아가신다. 아무런 말도 없이.

35 아무리 돈을 써도 아깝지 않다는 생각이 드는 게 사랑이다.

36 솔직하지 않아도 된다. 솔직하지 않은 동지들끼리는 아주 사이가 좋아진다.

37 솔직하지 않아도 된다. 이 세상에 단 한 사람, 솔직해질 수 있는 상대가 있으면 된다.

38 SNS에서 맘에 드는 사람은 불러내자. 일 상대가 되거나 결혼 상대가 된다.

39 SNS에서 진짜로 행복한 인간 따위는 없다는 게, 어떤 의미에서는 유일한 구원이다.
40 잊기 싫은 하룻밤, 한순간을 위해서라면 돈도, 수단도 아끼지 마라.
41 '누군가'가 되려고 하지 않아도 된다. 같은 인간이 둘은 필요 없다.
42 '어떤 사람'이 되려고 하지 않아도 된다. 아무도 아닌 기간은 평생 계속된다.
43 필요 이상으로 밝게 지내면 배터리가 빨리 닳는다. 스마트폰도, 인간도.
44 스마트폰을 손에서 놓지 못할 정도라면, 지금 바로 누군가와 손을 잡고 가까운 바다로 떠나자.
45 다정함이 전부다.
46 내가 가지지 못한 것을 상대에게 원해서는 안 된다.
47 나는 변할 생각도 없으면서 상대를 변화시키려고 하는 것은 무리다.
48 칭찬도 없이 상대를 내 생각대로 움직이려고 하는 것은 교만이다.
49 주고, 주고, 주고…… 돌아오면 행운인 거다.
50 아무것도 하지 않는 인간이 아무것도 할 수 없는 인간이 되는 건 당연한 일이다.
51 그럼에도 불구하고 우리는 '손해 보지 않기 위해' 사는 게 아니다.
52 그럼에도 불구하고 우리는 '이득을 보기 위해' 사는 게 아니다.
53 연하라도 스승으로 삼아라.
54 '나는 나일 수밖에 없어'라는 주관을 출발점으로 삼자.
55 '내가 나를 잃을까 보냐'를 최종 도착점으로 삼자.

그리고 이 리스트를 전부 의심하라!

3장

안티 안티로맨틱

095

영원이 순간일까, 순간이 영원일까

신주쿠 이세탄 백화점 앞의 신호등, 신주쿠 역내, 시부야 스크램블 교차로를 걷다보면 에어팟으로 듣고 있던 음악이 갑자기 몇 초 끊기는 순간이 있다.
그때 처음으로 '아아, 나는 지금 고독하지 않구나'란 생각이 들었다.
내 이어폰이 정신 못 차리고 있는 지금, 누군가의 이어폰 또한 마찬가지로 정신 못 차리고 있겠구나 하고. 혼잡한 사람들 틈에서 고독해지고 싶어도 고독해질 수 없단 걸 알았다.
그때 그들은 어떤 음악을 듣고 있었을까.

096

막차를 놓치면 러브호텔

같은 고독의 냄새가 나면 그는 친구이다.

혹여 아직 만난 적이 없어도 그는 친구이다.

만약 만났다고 치고, 그가 동성이 아니면 유감스럽게도 더 이상 친구는 되지 못한다.

상처 입히든가, 상처 입든가…… 이 두 개의 선택지밖에 없는 거다.

애초에 우리에게 친구가 필요한 걸까?

097

만약 우리가 겨울 별자리에 기관총을 쏠 수 있다면

실연당했다. 첫사랑이었다. "다른, 좋아하는 사람이 생겼어. 미안해."란 말을 들었다. 갈색의 루이비통을 좋아하는, 여름에 태어난 여자였다. 실연당하기 전부터 실연 노래가 좋았다. 아아, 이거구나. 이게 그거구나. 안다, 알고 있다. 나 같은 건 죽어도 싸. 그런 생각에 이르자, 차인 다음 날 이륜차 면허를 따야겠다고 마음먹었다. 면허 취득 당일에는 돈을 빌려 중고가로도 45만 엔이나 되는, 바보처럼 몸체가 큰 새까만 오토바이를 샀다.

나는 막 스무 살이 되었고, 도쿄는 겨울이었다.

한밤중. 안장에 앉아 키를 돌렸다.

흉포한 배기음을 울리며 내달리는 강철덩어리는 거리의 악당. 모두에게 폐를 끼치는 악당이었다.

무법자처럼 내달리다 눈앞의 택시가 급정거 하는 바람에 반대 차선의 트럭 범퍼에 얼굴을 갖다 박고 말았다. 그렇게 승차 3일째 되던 날 앞니가 부러졌다. 차도로 뛰어든 사람을 피하려다 전신주에 부딪혀 앞 라이트가 산산이 부서진 건 승차 5일째 되던 날이었다.

그래도 가솔린 냄새에 절어 바라보는 겨울의 오리온자리는 인생에서 가장 아름다웠다. 사이드미러 너머로 보이는 거리의 불꽃놀이는 참으로 허무하고 기뻤다. 뒤에는 누구도 태우지 않았다. 공감받지 못하는 것에 구원받았다. 손가락이 어는 정도로는 끝나지 않았던 매서운 겨울, 자판기에서 산 뜨거운 카페오레만이 내게 허락된 유일한 온기였다. 도쿄에 사는 스물세 살이 모두 그렇듯 나는 혼자였고, 도쿄만이 연인이었다.

그렇게 몇 번이고 죽을 고비를 넘기고, 결국 나는 첫사랑을 잊었다. 아니, 잊었다는 건 거짓말이다. 열한 개의 숫자, 그의 전화번호조차 잊지 못했다. 잊을 수 없었다. 하지만 어느새 누구라도 상관없어졌다. 우는 일도 없이 혼자서 폭주를 계속했다. 더는 돈도 없고, 되고 싶은 것도 없었다. 핸들에서 손을 놓고 두 눈을 감으면 전부 해결될 일이었지만 할 수 없었다.

죽을 수 없었다. 그것이 어차피 나의 바닥이었다.

결국 그때 오토바이를 산 게 정답이었는지는 지금도 알 수 없다. 그러나 실연당하고 나의 바닥까지 곤두박이로 떨어져 보는 것은 옳았다. 지금도 그렇게 생각하고 있다.

45만 엔에 산 그 오토바이는 결국 3년 후 겨울, 8만 엔에 팔았다.

098

404 Not Found

너무도 침울할 때 나를 구원해주는 것은, 내 마음을 위로해주고자 필사적으로 노력하는 다정한 사람의 상냥한 말이 아니다.
가령 노래방에 함께 가서 아이코의 노래를 데스메탈 버전으로 부르거나 아이코의 노래를 구와타 게이스케 창법으로 부르는 이상한 놈, 시시한 이야기에 혼자 낄낄대는 멍청한 놈, 아무 말이나 지껄여대는 진짜 무신경한 놈…… 그런 얼빠진 놈들의 어처구니없는 행동이 침울함에 빠져 허우적대는 나를 일으켜 세운다.
때로 정말 필요한 것은, 당초 주문했던 것과는 전혀 다른 형태로 다가오기도 한다.

099

택시 운전사와 보는 환상으로서의 바다

좋아하는 것을 좋아한다고 말하지 않으면 좋아하는 사람은 다가오지 않는다. 싫은 것을 싫다고 말하지 않으면 싫은 것은 떨어져나가지 않는다. 다정이 넘쳐서, 오는 사람은 잡고 싶고 가는 사람은 막고 싶다. 그러다 길을 잃는다. 이제 어떻게 하면 좋을지 모르겠다. 그래서 마지막은 언제나 외로운 혼자.

언젠가 별을 보러 가고 싶다. 생면부지의 택시 운전사와 함께. 쓸쓸한 바람이 부는 날, 택시 뒷좌석에 몸을 실으며 "혹시 혼자만 간직하고 있는 바다가 있으면 데려가 주세요."라고 주문하는 것도 좋겠지. 운전사는 가볍게 혀를 차는 것으로 대답을 대신할 거다.

갈 곳이 정해진 여행은 더 이상 필요 없다. 갈 곳을 모르는, 정해지지 않은 여행에만 나는 용건이 있다.

단 3초 만에 끝난 일이라도 만약 그 순간이 영원히 기억에 남을 정도라면
그 3초는 영원보다 길다.

100

영하의 후지큐 하이랜드에서

아주 슬픈 일이 있었다.

그날 점심, 신주쿠 터미널에 갔다.

버스 티켓 판매기 앞에서 눈을 감고 화면을 눌렀다. 후지큐 하이랜드행 티켓이 소리 없이 떨어졌고, 나는 버스에 올랐다. 버스에 앉자 참을 수 없어 다시 울었다. 그래도 버스는 목적지에 도착했다.

밖은 눈……이 아니라, 진눈깨비가 내리고 있었다.

기온은 영하였다.

절규를 부르는 제트코스터를 타면 체감온도는 틀림없이 마이너스가 되겠지. 젊은이들의 고성이 가까워졌다 멀어졌다.

체념하고 입장 티켓을 샀다. 뜨거운 홍차도 샀다.

일단 가까운 흡연 구역으로 향했다.

아무도 없었다.

흡연 구역 옆에는 무인 어트랙션만이 빙빙 돌고 있었다.

달리 아무것도 할 게 없었던 나는 어트랙션이 빙빙 도는 모습을 스마트폰으로 찍었다.

그 15초 정도의 동영상을 인스타그램 스토리에 올렸다.

너무나도 허무한 시도.

너무나도 허무한 동영상.

거기에 이 한 행을 더했다.

우리들이 살아 있는 이유는 무엇일까.

그러자 바로, 프로필 미설정 계정에서 이런 DM이 왔다.

SNS에 올릴 수 없는 짓을 하기 위해서죠.

대체, 누가 이 말에 반론을 제기할 수 있을까?

101

외로움의 근원

싸운 것은 기대했기 때문이고, 기대한 것은 어리광을 부렸기 때문이고, 어리광을 부린 것은 신뢰했기 때문이지만…… 화를 낸 것은 외로웠기 때문이고, 그 외로움의 근원은 '너는 내가 될 수 없고 나도 네가 될 수 없다'는 절망 때문이었다. 그리고…… '아, 이것이 사랑이었다!'라고 깨닫는다. 그 반복일 뿐.

102

악역이 없는 세계에서

차이는 사람도 슬프지만, 찬 사람도 슬프다.

의심하는 사람도 괴롭지만, 의심받는 사람도 괴롭다.

미움받는 것은 아프지만, 미움받지 못하는 것은 더 아팠다.

"행복해야 해."란 소릴 듣기보다 계속 미움받는 편이 그나마 나았다.

이런 걸 알면 인생이 좀 가시밭길 같아지겠지만, 가시밭길 또한 즐겁지 아니한가.

103

슬픔과 애절함과 외로움의 차이

애초에 거기에 있던 것이 없어지면, 슬프다.
없어졌음이 분명한 것이 거기에 있는 것처럼 느껴지면, 애절하다.
애초에 없던 것이 역시 없다는 걸 깨달으면, 외롭다.

이것은 사전의 정의와는 다른, 그저 완전한 사견에 불과하다.
하지만 '슬픔'으로도, '애절함'으로도, '외로움'으로도 표현할 수 없는 푸른색의 감정이 있다.
그것은 대체 뭐라고 불러야만 할까? 나는 사람들과 푸른색의 감정에 대해 이야기하고 싶다.

104

명칭 미설정 폴더

그렇게도 기다리던 예정 전날, 갑자기 그 예정이 더없이 귀찮아지는 현상에 이름을 붙이고 싶다. 하지만 이것은 단순하게 회피성 인격 장애의 증상으로 분류되는 성향인 듯하다. 그렇다면 선풍기에 손가락을 집어넣고 싶어지는 건 공격성 인격 장애인가? 음담패설을 입에 달고 사는 현상에는 '오언증'이라는 이름이 붙어 있고, 오언증이 아니라도 비속어가 멈추지 않을 때는 엄청난 스트레스를 받았기 때문이라고 한다. 어떻게 이런 걸 아느냐고? 나 또한 그렇기 때문이다.

다른 계절에는 딱히 그렇지 않은데, 왠지 여름만은 '즐겨야 한다'는 강박에 시달리는 현상에도 이름이 필요하다. 원체 즐길 능력이 없기 때문에 이런 생각을 하는 것일지도……. 이런 현상에 대한 이름은 가능하면 '여름의 멜랑꼴리'처럼 귀여운 느낌이 좋겠다.

이름이 없는 것에 이름을 붙이고 싶어 하며, 이름을 붙이고 안심하는 현상 그 자체에는 '룸펠슈틸츠헨 효과'란 이름이 있다고 한다.

아직 이름이 없는 것이 사랑스러운 일에는 다른 이름이 없어도 좋다.

105

출산 전날 밤의 아빠

"외로운데 기쁘고, 너무도 사랑스러우면서 한편으론 슬퍼. 함께 있어서 즐겁지만 자꾸만 갈증이 나. 누구에게도 보이고 싶지 않지만, 또 그러면서도 마구 보여주고 싶고… 줄곧 함께하고 싶지만, 언젠가 헤어질 거라는 불안이 마음 한구석에서 아려와. 이런 모순되는 감정은 전부 '시정(詩情)'이라고 불러야 할 만한 거 아닌가? 나는 그 시정을 위해서 살아가는 거 같아."

어느 밤, 내일이면 한 아이의 아빠가 되는 친구는 내게 자신의 마음을 이렇게 털어놓았다.

"아빠가 되는 건 어떤 기분이야?" 하고 내가 묻자, 그는 위스키를 스트레이트로 벌컥벌컥 마시며 그렇게 두서없는 말을 쏟아냈다.

엄마는 고독하다. 그것을 몸으로 알 수 없는 아빠 또한, 나에게는, 참으로 한심하고 슬퍼 보여서 '고독'이라는 단어로밖에 표현할 수 없었다.

106

같은 별에서 태어난 사람

죽고 싶단 마음을 느슨하게 긍정한다. 남에게도, 나에게도.
격하게 부정하지 않고, 그렇다고 크게 긍정하지도 않는다.
빨래를 널 때에도, 물건을 살 때에도, 한밤중에도.
"당신도 죽고 싶어요? 기이한 우연이네요, 나도 그런데. 그건 그렇고……."라고 말한다.
'그건 그렇고'까지는 아무 생각 없이 말하는 편이 좋다.
'그건 그렇고'부터는 아무 쓰잘머리도 없는 이야기를 계속하면 된다.
이런 대화가 가능한 사람을 나는 '친구', 아니, '같은 별에서 태어난 사람'이라고 정의하고 있다.

107

그게 날 지켜주었어

은으로 된 앤티크 에르메스 손목시계를 늘 차고 다니던 지인이 퇴직과 동시에 그 시계를 잃어버리고 말았다는 이야기를 들려주었다.

“이런, 충격 받으셨겠네요.” 하고 나는 맞장구를 쳐주었다.

“그렇지도 않아.”라며 그는 말을 이었다. “일이 지긋지긋하던 시절, 그 시계가 날 지켜주었구나…… 그렇게 생각하기로 했어. 물론 다시 찾으면 좋겠지. 하지만 이제, 못 찾아도 상관없지 싶어. 그런 일, 너도 있지 않아?”

그 말을 들으며, 나는 그 은으로 된 손목시계가 지금쯤 어디 있을까 궁금해졌다.

그 시계는 지금, 그가 아닌 다른 누군가를 지켜주고 있을지도 모르겠다.

그리고 지금, 나를 지켜주는 것에 대해 거의 깨닫지 못하고 있는 나를 돌아본다.

108

어른의 비애, 아이의 비애

무언가 부수고 있단 것을 깨닫지 못한다.

누군가 지켜주고 있다는 것을 깨닫지 못한다.

이 세상에서 자신이 제일 불행하다고 생각한다.

그것이 아이의 비애라면…….

일부러 부수고, 일부러 상처 입고, 일부러 깨닫지 못하는 척을 한다. 그리고 더 이상, 그때만큼 강하지 않다는 걸 안다. 무엇이 행복이고, 무엇이 불행이고, 무엇을 좋아하고, 무엇이 옳은 것인지 전혀 모르겠다.

그 슬픔을 받아들이는 것이 어른의 비애라는 생각이 든다.

✳

109

깊은 밤 이자카야에서

"제가 무정자증이래요."

깊은 밤 이자카야에서, 반은 울고 반은 웃으며, 그런 고백을 한 과장님이 있었다. 결혼한 지 몇 개월 되지도 않은 신랑의 고백을, 그의 사수였던 부장님이 내 옆에 앉아 듣고 있었다.

부장님은 생맥주 잔을 기울이던 손을 멈추고 이렇게 말했다.

"진짜 아버지가 될 수는 없어도 좋은 아버지는 될 수 있지 않나."

하지만 과장님은 위아래로도, 옆으로도 고개를 움직이지 않았다.

물론 무정자증은 이제 수술 요법으로 해결할 수 있다고 한다.

하지만 당시에는 나도 부장님도 그런 사실을 알지 못했다. 그러나 순간적으로 나온 부장님의 말씀에 왠지 내가 울컥했다.

'변호사가 되지는 못했지만, 누군가를 말로 지켜줄 수는 있지 않나.'

'번역가가 되지는 못했지만, 어려운 말을 잘 풀어서 표현해줄 수는 있지 않나.'

'연인이 되지는 못했지만, 허물없는 최고의 친구가 되어줄 수는 있지 않나.'

'가족이 되지는 못했지만, 같은 시대를 계속 살아갈 수는 있지 않나.'

'무언가가 되지는 못했지만, 만약 눈앞에 곤란한 사람이 있다면 즉시라도 손을 내밀어줄 정도의 사람은 될 수 있지 않나.'

나에게는 부장님의 말씀이 그렇게 들렸다.

110

외로움에 완벽하게 패배하다

외롭다는 이유만으로 사람을 만나러 가도 된다. 집을 나서도 된다. 어딘가로 술을 마시러 가도 된다. 모르는 연장자에게 설교를 들어도 된다. 나쁜 상대에게 하룻밤 속아도 된다. 외롭다는 이유만으로 새벽 세 시에 충동적으로 옛날 친구에게 장난전화를 걸어도 된다. 띄어쓰기 없는 긴 문장을 써도 된다. 그것을 좋아하는 사람에게 보내도 된다. 답장을 받지 못해도 된다.
분명 보상받지 못할 것이고, 그 상처는 애처롭다. 하지만 보상받기 위해 사는 것이 아니다. 애처로울 때 애처로운 채로 있지 못하는 건 왜일까? 진짜 하고 싶은 말을, 진짜 보고 싶은 사람을 알게 되는 것도 경험 아닐까? 수많은 쓸데없음이 하나의 보석을 만들지 않던가.

외롭다는 이유만으로 어디에 있어도 좋다. 외로움과 싸워서 좋았던 일 같은 거, 나는 없다.

완벽하게 패배만 당해온 꼴사납고, 멍청하고, 행복한 인생이다.

이런 글을 새벽 세 시에 쓰고 있는 인간이 신주쿠에 한 명 있다.

111

도쿄

'도쿄에 놀러 갈 만한 곳이 있나요?'란 문자를 받았다.
자주 받는 질문임에도 나는 매번 고민한다. 부끄러운 일이 아닐 수 없다. 도쿄타워가 보이는 저녁 일곱 시의 시바공원, 파도가 밀려오는 막차 직전의 오다이바, 달빛 아래 걷는 추억의 골목길…….
그런 것들이 머리에 떠오르지만, 상대도 좋아할까 싶은 생각이 든다.
'지도는 보지 말고 그저 발길 닿는 대로 걷는 게 어떨까요?'
나는 망설임 끝에 답하고, 대부분의 대화는 여기에서 끊긴다.
하지만 가끔 '어째서요?'라고 물어올 때가 있다. 답은 정해져 있다.

'부서질 듯 외로운 상황에서 만난 장소가 진짜 고향이 되기 때문이죠.'

읽기는 하지만 상대방에게 더 이상 답신은 없다. 나는 내 대답에 이렇게 주석을 달고 싶다.

도쿄는 놀러 오는 곳이 아니다. 먹고 마시고 살며, 이야기하고, 사랑하고…… 그리고 모두가 타인인 채로 남겨지는 곳. 울고, 울고, 울고…… 그럼에도 그 많은 밤 중 하룻밤, 마음으로부터 구원받는 밤이 있는…… 도쿄는 그런 곳이라고 생각한다.

✳
112

한낮, 3톤 트럭의 옆구리에 부딪쳐 날아오르다

11월, 신주쿠 다카시마야 백화점 앞을 오토바이로 달리고 있을 때였다.
옆 차선에서 깜빡이도 켜지 않고 좌회전을 한 3톤 트럭에 치여 날아올랐다. 교통사고를 당한 순간 오토바이를 탄 사람은 지능지수가 200으로 급상승한다고 한다.
철이 철을 깎아내리고 찌부러뜨리는 그 불꽃과 굉음을 눈앞에 대하면서 생각한 것은, 첫째 '그러고 보니 고양이한테 밥은 줬던가'였고, 둘째 '편집자와의 미팅엔 이제 갈 수 없겠네'였고, 셋째 '죽이게 재미있는 책을 쓰고 싶었는데'였다. 넷째, 다섯째, 여섯째는 '만약 살아남으면 보상금을 꽤나 받아야겠는걸', '금발 미녀와 하룻밤 정도는 뜨겁게 보내고 싶었는데', '엄마는 우시겠지'였다. 죽기 직전에 인간이 생각하는 게 고작 그런 것이었다.

그리고 나는 오른쪽 어깨부터 콘크리트에 부딪히며 떨어졌다.

거기에서 일곱 번 정도 뒹굴고 두 눈을 뜨기 전에, 뒤에 오던 차의 앞바퀴가 내 두개골 바로 옆을 스쳐 지나는 것을 소리로 알았다. 가솔린 냄새와 피 냄새가 진동했다. 잠결에 일어나듯 비틀대며 일어섰다. 웬 여성의 비명이 인도 쪽에서 들려왔다. 왼쪽 눈에 피가 퍼졌다. 하얗던 티셔츠의 옆구리는 검붉은 색으로 물들어 있었다. 티셔츠를 올려 장이 튀어나오진 않았는지 확인했다. 발을 떼어보았다. 첫 걸음에 오른쪽 다리뼈가 부러졌다는 걸 알았다.

스마트폰을 꺼내 들고 태어나 처음으로 '셀카'를 찍었다.

얼굴도 몸도 피범벅인 모습에 웃음이 났다. 그러면서 동시에 현기증과 구역질이 올라왔다.

결과적으로 사고를 낸 상대는 업무상과실죄로 면허를 박탈당했다. 나는 약간의 배상금을 받았고 오른쪽 다리에 작은 후유증이 남았다.

하지만 이 이야기는 아직 끝나지 않았다.

퇴원하고 골절에 대한 재활을 겸해 산책을 나간 저녁에 일어난 일이다.

피곤해져서 쉬려고 아파트 단지 앞 자판기에서 캔 커피를 샀다. 벤치에 앉아서 커피를 마시고 있는데, 아무런 전조 없이 내 바로 옆에서 뭔가 단단한 것이 부서져 흩어지는 파열음이 났다.

방금 전까지 없었던 기와가 내 오른발에서 대각선으로 10센티 정도의 장소에 산산이 부서진 채 흩어져 있었다. 눈앞의 아파트를 올려다보았다. 아무도 없었다. 하지만 파편의 흩어진 모양으로 볼 때, 분명 누군가 나를 장난삼아 죽일 셈으로 기와를 던진 것 같았다.

살인미수인 셈이다.

신고했다. 경찰은 열심히 범인을 탐색했지만, 의심스러운 사람은 결국 없었다고 한다.

이 두 건으로 알게 된 것이 있다.

아무래도 죽음은 이쪽이 원하지 않을 때 갑자기 찾아온다. 얼마나 조심스럽게 살든, 성실하게 살든, 인간은 갑자기 죽거나 한 칼에 죽임을 당하기도 한다. 그렇다면 생각할 건 하나다.

언젠가는 바로 죽어버릴 테니 자살 말고 하고 싶은 일은 모두다 해보고, 그 다음에 죽고 싶다. 뭔가 하려고 마음먹었다면 지금 바로 실천하는 수밖에 없다. 내일 살아 있으리란 보장은 어디에도 없으니까. 솔직히, 어쩌면 이건 너무 당연한 일이다.

✳
113

창작 이론

대학 시절 들은 전쟁문학 강의 중 지금도 기억에 남는 이야기가 있다.
창작 이론에 대한 것이었다. 이론은 크게 세 가지로 나뉜다. 사실은 일곱 가지인가 아홉 가지였단 느낌도 든다. 하지만 이 세 가지가 전부를 대신하고 있다고 생각한다.
첫째, 주인공은 먼저 소설의 첫머리에서 무언가를 빼앗기지 않으면 안 된다.
둘째, 모든 이야기는 주인공이 빼앗긴 것을 되찾기 위한 갈등과 과정을 그린다.
셋째, 그러나 마지막에 돌려받는 것은 주인공이 처음에 빼앗겼던 것과는 다른, 행복한 어떤 것이다.

'뭐야, 그야말로 인생 그 자체가 아닌가!'라고 생각했다.

인생은 소설보다 더 소설적이니 당연하다면 당연한 일이다.

사실 너무나도 부조리하고 불평등한 일이 내게 일어났을 때, 우리들은 신과 같은 존재를 희미하게 인식한다. 나는 이 신과 같은 존재가 이러한 창작 이론에 대해 무지하리란 생각은 하지 않는다.

114

100만 명에게 사랑받은 인플루언서의 우울

유튜브, 트위터, 인스타를 전부 합쳐서 100만 명의 팔로어가 있는 스무 살의 남자가 나에게 "어떻게 하면 좋겠습니까?"라고 묻는다. "세상은 쉽게 질려하고, 10대는 쉽게 잊으니까 좀 더 유명해질 필요가 있거든요. 숫자가 필요해요!" 그렇게 내게 말한다.
나는 쉬운 건 싫어. 도전하는 걸 좋아하지. 공감할 수 있을지 모르겠지만, 한계점까지 파고드는… 그런 위험을 무릅쓰는 게 좋아. 압도적으로 의미가 불분명한 것, 넘치는 것, 수치로 포착할 수 없을 정도로 강렬한, 혹은 하찮은 게 좋아. 알지 못했던 걸 알고 싶고, 본 적도 없는 걸 보고 싶어.
암튼 우리들은 애초에 진짜로 중요한, 그저 한 사람에게 이야기를 들려주고 싶었을 거야. 그 사람에게 내 이야기가 전해졌으면 좋겠다고 생각한 거지. 그 초심으로 돌아가야 하는 거 아닐까? 몇 번이고 말이야.

그런 말들을 그에게 했다. 그런 것 같긴 한데… 취해서 아마도 제대로 말하지 못했을 수도 있다. 그 한 사람도 분명 '이 세상에 단 한 사람, 나만이 고독하다'고 생각하고 있겠지.

115

추억, 그리고 상실

겨울에 듣는 여름 노래. 노래를 들으면서 한 손에 아이스크림을 들고 잠시 멈춰 선다. 겨울의 물가에.

여름에 듣는 겨울 노래. 노래를 들으면서 생각한다. 다정했던 그 사람의 코트 실루엣을.

가장 먼 것이 가장 아름답게 보인다.

이 병을 고치는 약은 약국에서는 팔지 않는 것 같다.

116

사라 본, <연인의 협주곡>

들을 예정이 없었던 말. 찍을 예정이 없었던 사진.

탈 예정이 아니었던 버스. 울 예정이 없었던 역 앞.

외울 예정이 없었던 날짜. 볼 예정이 없었던 일기예보.

빼앗을 예정이 없었던 마음. 시들 예정이 없었던 꿈.

그러한 것들로 간신히 살아가고 있단 생각도 든다.

점점 죽어가고 있는 것 같다는 생각도 든다.

✳
117

영원한 평화를 위하여

좋아하는 것과, 싫어하는 것과,

그 외 많은 어느 쪽도 아닌 것과,

그 외 많은 어느 쪽이라도 괜찮은 것과,

있어도 없어도 상관없는 것을 위한,

꽤나 비싼 거추장스러운 것들.

118

자정에 만나

자정에 만나 쓰잘머리 없는 이야기를 하면서 지도도 보지 않고 선로를 따라 하염없이 걷는다. 배가 고프면 편의점에서 뜨거운 물을 부은 컵라면을 먹는다. 심야 영화를 상영하는 영화관에 뛰어 들어가도 좋다. 영화관을 나오면 심야 카페에서 감상을 나누는 것도 즐거울 테다. 그리고 첫차로 헤어진다. 그런 친구가 필요하다.

금요일 저녁마다 이런 생각을 한다.

그저 일생에 단 한 번이면 된다. 아니, 오히려 일생에 단 한 번으로 충분하다.

✳
119

새벽 2시, 호텔 프런트에서

고베 항 근처의 오래된 비즈니스호텔.

프런트에서 야간 근무를 하던 때였다.

빨간 드레스를 입은 만취한 30대 여성이 불안한 걸음걸이로 호텔에 들어섰다.

"내 대화 상대가 좀 되어주지 않을래?"라며 나에게 말을 걸었다. 나는 프런트에서 정산 처리를 하고 있던 손을 멈추고 "그러죠."라고 답했다. 아마도 마지막 제정신의 끈을 잡고 꺼내 들었을 룸 키가 손님의 손가락에 걸려 있었다.

"일 때문에 고베에 왔는데, 역시 간사이는 거북해."

"왜요?"

"간사이 사투리가 거북한가 봐. 그게 말야, 아무래도 그 말투만

큼은 적응이 안 돼."
"괜찮아요. 저도 왠지 간사이 사투리를 쓰는 여성을 보면 어머니를 떠올리게 되어서 정신이 번쩍 드니까요."
그런 말도 안 되는 이야기를 시작으로 우리는 대화를 나누었고, 손님은 내일 아침 삿포로로 돌아갈 거라며 자신의 예정도 알려주었다. "삿포로는 정말 괜찮아. 한번 놀러 와."라고 말하는 목소리가 조금 밝게 느껴졌다. 이 시간은 이 손님의 변덕, 일생 단 한 번의 만남이란 생각이 들었다. 매일 대량으로 들어와서는 대량으로 사라지는, 어딘가 화가 난 듯 무표정한 손님들과 마찬가지로 일생에 단 한 번뿐인 만남이란 생각이 들었다.
호텔 로비에는 우리들 외에는 아무도 없었다.
"자기, 누나 있지?" 하고 그쪽에서 화제를 바꾸었다.
"어떻게 아셨어요?"
"자기처럼 수상한 냄새를 풍기는 동생이 하나 있거든."
손님은 그렇게 말하고는 건조한 미소를 지으며 내가 건넨 생수병을 받아 꿀꺽꿀꺽 마시고는 <원령공주>의 산처럼 입을 훔치며 "고마워, 이제 자러 가야겠어."라고 말했다.
"안녕히 주무세요." 나도 마지막 인사를 전했다.
멀리 엘리베이터 홀에서 엘리베이터 문이 닫히는 소리가 들렸다.

대체 뭐였을까. 왠지 그 순간, 흠뻑 젖은 것처럼 나는 외로워졌다.

다음 날 아침. 손님은 아주 기쁜 얼굴로 내게 키를 반납하며 "어제는 고마웠어."라고 말했다. "간사이는 여전히 거북하지만 이 호텔만은 싫어질 것 같지 않은걸."이라고 말해주었다.
"혹시 배우이신가요?" 같은 어설픈 말로 어젯밤의 감정을 깨고 싶지 않았다. 솔직히 그의 말이 기쁘게 다가왔기 때문이다.
나는 내가 왜 호텔의 야간근무를 하고 싶어 했는지 줄곧 깨닫지 못했다. 하지만 그 아침에 조금은 확실해졌다. 나는 누군가의 외로움을 접하고 싶었던 거다. 손님이 누군가의 맞장구에 어리광을 부린 것처럼.
아르바이트는 바로 그만두었다. 그 이상의 추억은 필요하지 않았으니까.

120

문학의 영역

사랑하는 고양이를 잃은 친구가 있다.

"고양이를 잃었을 때, 진짜 너무 슬퍼서 어찌할 바를 모르겠더라. 하지만 그렇게 슬퍼서 어쩔 줄 몰라 하는 나를 냉정하게 바라보는 또 하나의 나도 있었지. 순수한 슬픔과 불순한 슬픔. 그게 동시에 있었어. 그걸 깨달은 순간이 20대를 돌아보았을 때 가장 잊을 수 없는 순간이야."라고 그는 나에게 말했다. "그 냉정함이 내게는 장애가 되어 어찌할 바를 모르겠더라."라고도.

나는, 사랑했던 숙부의 장례식에서 눈물 한 방울 흘리지 않았던 그날 저녁을 떠올렸다. 그날, '장례식에서 울지도 않는 나는 본래 냉혹한 인간'이라고 생각하려고 했다. 그때가 떠올랐다.

울고 싶을 때일수록 울지 못한다. 하지만 그 후 울 상황이 아닌

게 분명한 어떤 때에, 우리는 갑자기 울음을 터뜨리게 된다. 예를 들면 지하철로 내려가는 층계참에서, 막차가 끊겨버린 옥외 주차장에서, 혹은 골목길의 음료수 자판기 앞 같은 데서 어느 날 하염없이 울어버리게 되는 거다. 하지만 그 트리거가 무엇인지는 알 수 없다. 예감도, 설명도 할 수 없다.

나는, 이 어쩔 수 없는 영역을 '문학의 영역'이라고 부른다.

121

그해 여름

정말 돌아가고 싶은 여름은, 500엔 동전과 엄마의 자전거와 조금의 반항심만 있으면 어디든 갈 수 있다고 느꼈던 여름이다. 그 여름에는 스마트폰도, 구글 맵도, 인터넷도 필요 없었다. 당연히 연인 따위도 필요 없는 여름이었다. 인터넷 게임을 죽을 듯이 반복하는 여름도, 넷플릭스에게 위로 받는 여름도 아니다. 절대, 아니다.

122

살인과 여행

모든 것이 싫어지면 여행을 떠난다.

도쿄에서 신고베. 고베항에서 표를 사서 신모지항행 심야 페리에 올랐다. 새까만 바다를 시속 60킬로미터로 달리는 갑판 위. 하늘을 가득 메운 별을 독차지하면서 한 손에 담배, 다른 한 손에 슈크림을 들고 밤새 춤을 추었다. 음악을 들으면서…….

다음 날 아침. 신모지에서 하카다, 하카다에서 나가사키로. 3천 엔짜리 호텔을 찾아두고 야경을 보았다. 누구와도 대화를 나누지 않았다. 다음 날 버스로 흘러 들어간 가고시마의 천문관에서도 누구와도 대화를 나누지 않았다. 말을 걸게 하고 싶지도 않았다. 한 벌뿐인 옷을 비누로 빨아 비상계단에 널어놓고 말렸다. 사투리가 심한 지방 뉴스를 보았지만 신기한 것도 금방 질려서 껐다.
'오키나와에 가고 싶다.'
목이 마르다, 같은 가벼움으로 그런 생각을 했다.
가고시마에서 오키나와로 향하는 페리에 올랐다. 손잡이에는 천연 소금이 달라붙어 있었다. 그것을 손가락으로 문질러 핥으면서 바다를 내려다보다 주저앉을 뻔했다. 영상으로밖에 본 적 없는, 보석 색을 한 바다. 1초라도 그 바다와 눈이 마주치면 더 이상, 누구도 오키나와에 도착할 때까지 참을 수 없을 테다.
요론 섬에서 내렸다. 일본에서 가장 아름다운 바다라고 알려져 있는 인구 5천 명의 섬.
배에서 내려 모래사장으로 향했다. 사람은 없었다. 수영복도 없었다. 홀딱 벗고 소리를 지르면서 바다에 온몸을 던졌다. 하지만 2월의 바다는 너무 차가웠다. 서둘러 옷을 입었지만, 감기에 걸릴 것 같은 예감이 들었다. 아니나 다를까, 곧 연일 쌓였던 피로가 고열로 답했다.
밤.
멀리 있는 등대에 의지해 가로등 없는 섬을 터벅터벅 걸었다. 이름 모를 커다란 벌레가 얼굴을 덮쳐와 놀라는 바람에 넘어졌다. 이미 먹통이었던 스마트폰을 떨어뜨려 화면이 깨졌다. 가까운 밭에서는 유기농 비료 냄새가 코를 찔렀다. 별도 보였다. 웃었다. 울었다. 나는 무직에 곧 돈 한 푼 없는 신세가 될 예정이었다.

아침. 페리 승강장에서 죽은 듯 자고 있자니 섬의 남자가 나를 깨웠다.

"사람이래두 죽였수?" 그는 거센 사투리로 말하며 웃었다. 그 정도로 더러운 옷차림이었던 거다. "아직 죽이지 않았습니다."라고 나는 답했다. "담엔 민박에라도 가 주무쇼."라는 그 남자의 말에 힘없이 웃자 "우덜은 텔레비를 안 보니께." 하고 덧붙였다. 아무래도 정말로 사람을 죽이기라도 한 것처럼 보였나 보다. 이렇게 해서 나는 사람을 죽여도 갈 수 있는 장소가 하나 생겼다. 하지만 아마도 두 번 다시 여기에 올 일은 없겠지, 그 확신을 가지고 여행은 끝이 났다.

123

질문

가령 청색과 물색 사이에 몇 백 종류의 색이 존재하는 것처럼 '외로움', '슬픔', '애절함' 사이에도 몇 백 종류의 감정의 색채가 있다고 한다면…. 마찬가지로 친구와 연인, 연인과 가족, 생활과 일, 그 사이에 몇 백 종류의 관계나 상태가 있다고 한다면…. 그것들 대부분은 너무나도 미세하고 너무나도 섬세하여 단어가 될 수 없을 터이다.

그리고 단어가 되지 못하는 것들을 세상은 용인해주지 않는다.

그러나 단어가 되지 못하는 것들을 어떻게든 지키는 일이 우리에게 주어진 사명이라면? 그 세상에 어떻게 해서라도 대항하는 것이 우리에게 주어진 운명이라고 한다면?

124

보잘 것 없는 추락론

더는 아무것도 하고 싶지 않은 때에는 아무것도 하지 않는 것을 스스로에게 허락하는 것이 중요하다.
무리하지 말라는 말이다. 쉬라는 말이다. 사실 그런 때에는 좋아하는 음악도 더는 도움이 되지 않는다. 명랑한 친구는 오히려 유해하기까지 하다. 그럼에도 힘내려고 애쓰는 자신은, 그럼에도 힘내고 싶지 않은 진짜 자신에게 잘 처리해 달라고 하자.
충분히 자고, 일어나고, 자고……. 그러기를 반복하고, 뭔가 조금 살아갈 기분이 생긴다면 방에 널브러져 있는 속옷 한 장을 줍는 일부터 시작하면 된다. 길어진 앞머리를 스스로 자르다가 완전 망쳐버리거나 해도 좋을 테다.
중요한 것은 철저하게 바닥을 치는 일이다.

바닥까지 철저하게 떨어졌다가, 거기서부터 1밀리, 쑤욱 올라오는 일이다.

✳
125

한층 모든 것이 대단히도 서툴렀던 시기로

'이 이상 얘기하면 좋아질 거 같으니까 적당히 이쯤에서 마무리해 두자'라든가, '이 이상 얘기했다간 죽어버리란 소리나 들을 것 같으니 웃음으로 얼버무려야지'라든가, '이 이상 놀다간 막차가 끊길 테니 오늘은 이쯤하고 집으로 돌아가자'라든가…….
어른이 되면 어떻게 하면 상처받지 않고 살지, 그런 계산만 잘하게 된다.
너무 기대하지 않고, 너무 절망하지 않고, 너무 질투하지 않고, 너무 반하지 않고, 너무 성내지 않고, 너무 슬퍼하지 않는다. 그런 역산에만 요령이 는다.
하지만 요령이란 건 따분하기 짝이 없다.
그러고 싶지 않다. 그렇게 되고 싶지도 않다. 요령이란 건 비루

하지 않은가.
그렇다면 오히려 한층 더, 모든 것이 대단히도 서툴렀던 시대로 돌아가 볼까, 요즘 그런 생각을 한다.
즉, 어른이 되기 전에, 어른 따위 그만두어버리겠다고 생각하는 거다.

✳
126

해야만 하는 말

우리 세미나의 담당 교수는 연극문학을 전공한 사람이었다.
교수님이 꽤나 고난이도의 문학 이론 전문서 강독을 일단락 짓고 "이것에 대해 생각하는 바가 있습니까?" 하고 학생들에게 물은 적이 있다. 우리는 그 글의 너무나도 추상적인 표현에 그저 숨이 막힐 지경이었고, 모두 자신의 머리가 나쁘다는 사실이 알려지는 게 싫었으므로 거의 장례식에 참석한 듯 침묵했다.
그러자 교수님은 표정 하나 바꾸지 않고 이렇게 말했다.
"폭언, 폭론 하나도 말하지 못하겠다면 지금 당장 학생증을 반납하고 공부 따위 때려치워!"
그러고는 어떻게 되었더라?
나는 다음 일을 기억하지 못한다. 이어진 교수님의 말이 너무나도 아름다웠기 때문에.

그 교수님은 바카디를 몇 잔이나 마셔도 취하지 않았고, 사라 본처럼 목소리가 아주 맑았다. 내가 세미나를 무단으로 빠지면 전화해서 "데이트하자고 먼저 꼬셔놓고 자기가 안 나오면 어쩌자는 거야?"라며 낯간지러운 소리를 대놓고 하는 사람이었다.

그렇다고는 해도.

지금도 자주 생각한다.

그때 그 사람이 듣고 싶었던, 우리들의 폭언은 무엇이었을까?

그리고 지금 내가 하지 않으려고 하는 말은 무엇일까?

누군가가 하지 못하게 하는 말은 무엇일까?

그것이야말로 지금 진짜 해야만 하는 말일 것이다. 듣지 않으면 안 되는 말일 것이다.

✳
127

새벽 3시 교토에서

스트롱제로를 다섯 캔씩 마시고, 완전히 취해버린 친구들과 가모가와 근처에서 떠들고 있었다. "독립이나 할까."라고 한 친구가 말을 꺼냈다. "아직 빠르지 않냐?"라고 다른 친구가 입을 뗐다. "뭔 소리야?"라는 친구. "네가 그럴 주변머리는 있냐!"라는 다른 친구.

문과생들끼리 싸우기 일보 직전일 때 현역 외과의사인 친구가 입을 열었다.

"너네 문학도들은 참 좋구나. 나는 앞이 보이거든. 앞으로도 쭉 같은 일을 한다면 연봉 천만 엔이나 2천만 엔은 보장되지. 모험하지 않아도 그렇게 돼. 하지만 내가 선택한 길이라고는 해도 앞이 보인다는 게 나는 전혀 기쁘지 않아. 너희들은 그 길을 버릴 수가 있잖아. 나는 그게 부러워."

그런 말을 끝낸 순간, 친구인 K가 토를 하는 바람에 그 밤의 모임은 종료되고 말았다.

외과의 본인도 다음 날에는 자신이 한 이야기를 기억하지 못했다. '의사에게도 의사 나름의 고충이 있다' 같은 말을 하려는 게 아니다. 모두가 취해 떡이 되어도 단 한 사람만은 바른 정신으로 있어야 한다. 왜냐하면 그때 진짜 약점이 흘러나오기 때문이다.

128

신성하고 불가침한

약점은 파고들어도 되지만 찌르면 안 된다.

장점은 건드려도 되지만 '이렇게 해'라고 주문을 걸면 안 된다.

129

새벽 4시, 병동에서

크리스마스 밤이었다. 나는 휠체어에 앉아있었고, 오른쪽 다리 골절에 외상성골수염이라는 진단을 받은 상태였다. 입원 기간은 '불명'. 어째서 그리 되었는지는 앞서 서술한 바 있다.
통증이 너무 심해 벌떡 일어났다가 그 심한 통증으로 인해 다시 기절하듯 잠에 빠지곤 했다. 항생제가 들어간 링거를 맞고 있었지만 39도의 열은 2주간이나 계속되었다. 놀랍게도 그런 것에는 익숙해졌지만, 밤에 같은 병실에서 엄청난 기세로 코를 고는 환자 두 명에게는 아무리 시간이 지나도 익숙해지지 않았다.

한밤중에 병실을 빠져나왔다. 유일한 즐거움은 9층 면회실 로비의 창에서 내려다보이는 미나미신주쿠의 일루미네이션이었다. 그날 밤도 창밖을 내려다보고 있었는데, 등 뒤의 복도에서 기척이 느껴졌다. 돌아보자, 밤 순찰을 돌던 간호사가 회중전등을 정면으로 내게 비추었다.

"줄곧 생각했던 건데요, 사실은 환자분이 일부러 트럭에 치인 거 아니에요?"

갑자기 그렇게 말을 걸어왔다.

"솔직히 그런 말은 실례 아닙니까." 하고 내가 대답하자 "그렇지만 환자분은 그런 얼굴을 하고 있는 걸요."라며 정색을 한 채 말을 이었다. 매도 전문 간호사인가. 너무나도 직구로 들어오는 통에 나는 웃음을 참을 수 없었다.

밤 순찰을 돌고 있던 그에 의하면, 언젠가 병원 앞에서 뺑소니차에 치여 복합골절을 당한 피해자가 포복 전진으로 병원 1층까지 온 적이 있었다고 한다. "전시 중인지 알았지 뭐예요." 하고 간호사는 크게 웃었다. 울면서 포복 전진해 온 남자. 그 남자를 방긋방긋 웃으며 병원에 맞아들이는 여자의 모습이 왠지 쉽게 상상이 갔다. 그 환자는 입원 중 몇 번이나 휠체어에 탄 채 야간 탈주를 시도했다고 한다.

아무래도 간호사는 내 마음을 완전히 읽고 있는 게 분명했다.

평소엔 무슨 일을 하냐며 그쪽에서 먼저 화제를 돌렸다. "글을 쓰고 있습니다."라고 답했다. 그러자 "거짓말이죠? 트럭에 치일 정도로 멍청한 사람이 글 같은 걸 쓸 수 있을 리 없잖아요."라며 여전히 가차 없었다.

그 뒤로도 간호사는 한밤중에 나의 이야기 상대가 되어주었다. 잠들지 못하는 밤, 유튜브에서 항공기 추락 영상들이나 철도 탈선 영상들만 보고 있다고 말하면 웃어주는 것도 그분이었다. 이런 간호사는 다시 없을 거라고, 이야기를 나누며 어렴풋이 느꼈다.

그리고 퇴원하여 확신했다. 그런 행동이나 말은 그 간호사 나름의 사랑이었음을.

130

스물다섯, 스물여섯

미안.

소중히 여겨주는 사람보다 소중히 여겨주지 않는 사람을 좋아해.

얻은 것보다 잃은 것을 세는 편이 성질에 맞아.

사귀고 있는 사람보다 사귀지 않는 사람이 보고 싶어.

이제 와서 끝내기에는 너무나도 늦어버렸지.

이건 LED 불빛, 저건 영원한 사랑을 믿는 바보도 비추어 주는 달.

131

다자이 오사무를 좋아하는 여자

다자이 오사무를 좋아하는 여자와 이야기를 나눈 적이 있다. 문학을 좋아하는 여자는 대체로 폭력적이라고 하는데, 다자이 오사무를 좋아하는 여자는 대체로 수줍음이 많고 온순했다. 그에게 빠지기 전에 나는 "전에 사귀던 남자랑은 어떻게 헤어졌어?"라고 물었다.

"소매를 잡잖아, 엄지랑 검지로. 그게 싫었어."

그의 대답에 "그거뿐이야?" 하고 나는 되물었고, "그거뿐이야."라며 그는 고개를 끄덕였다.

위험했다, 사랑에 빠질 뻔했네.

소위 말하는 '이유 없는 냉담'이다. 아니, 하지만 터무니없지는 않았을지 모른다.

카페의 구석진 흡연석에서 들은 그 이야기를 잊을 수 없어서, 나는 그 후 비슷한 이야기를 들을 때마다 소매 이야기를 떠올린다. '청개구리 현상'이라는 신조어의 의미를 처음 들었을 때, 나는 이런 확신이 들었다.

'너희들이 좋아하는 건 자기 자신뿐인 거 아냐?'

그러나 아직 나는 이 소매 이야기를 좋아한다. 그도 그럴게… 너무도 소녀스럽지 않아?

132

올드 데빌 문

왼쪽 눈밖에 보이지 않는 신주쿠 바의 사장님이 어느 날 나에게 물었다.

"손님은 사람들에게 자주 상담을 해주나요?"

"사장님이 더 많이 하시겠지요."라고 답하는 나를 보며 그는 고개를 좌우로 저었다.

"저는 이미 예전에 남들의 상담 같은 건 안 해주기로 맘먹은 걸요."

십수 년 전의 봄, 단골이 인생 상담을 해왔다고 했다. 돈, 일, 가족 이야기…… 늘상 있는 일이었다. 사장님은 아직 젊었고, 진지하게 대답했다.

하지만 다음 날 그 단골은 자살하고 말았다. 그가 왜 죽었는지는 아무도 알지 못했다.

사장님이 유리잔 닦던 손을 멈추며 말했다.

"상담을 받는다는 건 남의 인생을 그대로 받아들이는 겁니다. 하지만 그런 게 가능한 사람은 없지요. 우리는 신이 아니니까요."

나는 빤한 말임을 알면서도 이렇게 말했다.

"자살한 인간은 자살한 그날, 수명이 다한 것뿐이에요. 그러니까 남겨진 우리는 끈질기게 살아남는 수밖에 없어요."

"그런가요?" 그는 쓸쓸한 미소를 지었고, "그럼요!" 하고 나는 거침없이 답했다.

133

현대

진짜 돈벌이가 된다면 그 벌이 이야기를 남에게는 하지 않는다. 그래 봤자 손해니까.

진짜 슬픈 사람은 슬픈 이야기를 아무에게도 하지 않는다. 그래 봤자 슬퍼지기만 하니까.

진짜 서로 사랑하고 있다면 서로 사랑하고 있단 이야기는 아무에게도 하지 않는다. 그야말로 숭고하니까.

모든 것이 말이 되는 순간 순도를 잃는다고 해도…….

그래도 나는 당신과 이야기하고 싶다.

134

짐승과 인간

강아지를 기르고 있는 사람에게 이런 이야기를 들은 적이 있다.
"주인이 시름에 빠져 있을 때 강아지들이 장난감을 가지고 오는 건, 주인에게 놀아달라고 조르는 게 아니야. 그 장난감을 가지고 함께 놀았을 때 주인의 얼굴이 정말 즐거워 보였기 때문이지."
실제로 어떤지는 그 강아지에게 물어보지 않으면 알 수 없다.
고양이를 기르다 알게 된 사실이 있다. 화를 내고 화를 내도 고양이는 자기 삶의 방식을 바꾸지 않는다. 그것은 고양이가 신이라는 증거일지도 모른다. 아무튼 고양이들은 칭찬을 계속 하면서 청하지 않으면 '난 네가 뭘 원하는지 모르겠다'고 생각한다는 걸 깨달았다. 고양이는 자신에게 불리한 일은 2초면 잊어버린다는 소리도 들은 적이 있다. 하지만 실제로는 어떤지 알 수 없다.

하지만 이것만은 확실하다.

우리는 좀 더, 사람들에게도 느슨해질 필요가 있다.

135

가족에 대하여

결혼한 지 40년 정도 된 다른 부서의 선배와 1년 정도 함께 일할 기회가 있었다. 이미 수십 번째의 점심을 그와 함께한 후 나는 결심을 하고 물었다.

"불쾌하시다면 답해주지 않으셔도 됩니다. 하지만 궁금해서요. 아이는 왜 안 가지신 겁니까?"

선배님은 함박스테이크를 입에 가득 문 채 "가지려고 했으면 가졌을 텐데……." 하고 잠시 멈췄다가 "하지만 아내도 나도 딱히 없어도 괜찮지 않을까 싶어서."라며 포크를 내려놓았다.

그리고 이렇게 말해주었다.

"아이를 갖지 않는 대신 커다란 래브라도 리트리버를 두 마리 기르면서 죽을 때까지 다 함께 즐겁게 지내자고 약속했지. 실제로 녀석들 덕에 매일이 떠들썩해서 즐겁기도 하고. 사람들은 이런 우릴 보고 편하게 산다고들 하지. 물론 직장에서 아이가 있는 동료에게 일이 생긴다면 언제든 기꺼이 도울 거야. 나는 동료도, 이 일도, 내 작품도, 자식처럼 사랑하고 있거든. 물론 자네도 말이야."

내려놓았던 포크를 다시 집어 들며 대선배는 나에게 "그걸로는 안 될까?"라며 장난기 어린 미소를 지어 보였다.

그에게 일에 대한 가르침은 차고 넘치도록 많이 받았지만, 나는 이 가르침을 무엇보다 사랑하고 있다.

136

침묵 속에도 존재한다

한낮의 뉴스나 트위터를 보고 있으면, 간혹 터무니없을 정도로 가혹한 뉴스가 흘러나온다. 아니, 터무니없을 정도로 지독한 사람의 이야기가 흘러나온다. 만약 그런 사람이 주변에 나타난다면 곧바로 상대하지 않을 인간 리스트에 집어넣고, 무슨 일이 있어도 거리를 두다 관계를 끝낼 거다. 거리를 두면 대부분의 문제는 해결되니까.

그러나 뉴스는 그럴 수가 없다.

화면 저편에서부터 훅 가슴으로 꽂혀 날아오기 때문이다.

꽤나 예전의 일이지만, 성폭력을 고발한 여자가 있었다.

고발에 의하면, 가해자는 일본에서 가장 저명한 유튜버 중 하나였다. 두 사람이 SNS에서 주고받은 내용이 순식간에 퍼졌다. 그

대화 내용은 감히 입에 담을 수 없는, 분명한 성폭력이었다. 모두가 가해자에게 분노의 화살을 돌리는데도 당사자인 남자는 해명하지 않았다. 그러나 그 후 "실은 그런 성폭력은 존재하지 않았습니다." 하고 피해자인 여성과 가해자인 남성이 동시에 밝혔다. 모든 것은 그 유튜버의 음원 발매를 위한 연극이었음이 밝혀졌다.

나는 머리가 돌아버리는 게 아닐까 싶을 정도로 화가 났다.

직장 내 폭력도 성폭력도 당한 일이 있는 사람으로서, 그런 일에 한두 번 침묵하며 참아내려고 했던 사람으로서, 이 주모자의 무지와 무신경에 정말 분노가 치밀었다. 이런 일을 간과하면 이후 진짜 피해자가 고발을 하려고 했을 때 그 설득력이 감쇄된다. 지금까지 싸워온 사람들의 노력도 모두 허사가 된다. 그럼에도 불구하고 그의 팬들은 그를 옹호하고 나서기까지 했다. 세상에나, 진짜 엄청나게 실망했다. 사람들과 떨어진 곳에서 살고 싶단 생각이 들 정도였다.

하지만 아무 말도 하지 않았다. 남의 일에 미쳐 날뛰는 모습을 사람들에게 보여서는 안 된다고 생각했기 때문이다. 그래서 그저 허탈감만이 남았다.

그런 이야기를 친구에게 털어놓았다.

“나도 그런 일을 보면 이제 아무 말도 하지 않게 되었어.”라며 그는 말을 이었다. “못 본 척하는 게 아니야. 똑바로 보고 있어. 하지만 침묵하며 거리를 두지. 기분 나쁜 뉴스에 침묵을 택한 사람은 우리 말고도 얼마든지 있을 거야. 그들도 똑바로 지켜보고 있을 테지. 아무 말도 하지 않으니까 그저 보이지 않을 뿐이야. 하지만 확실히 존재하고 있어. 그걸 조용히 상상하곤 해.”

그렇게 가르쳐주었다.

137

나이를 먹으면 할 수 없어지는 세 가지 일

나이를 먹으면 장편소설을 읽지 못하게 된다. 바빠서가 아니다. 소설보다 현실 쪽이 부조리한 데다 부당해서 소설이 재미없기 때문이다. 무엇보다 작은 글씨를 쫓아가지 못한다. 같은 이유로 학습서도 읽을 수 없다. 젊었을 때 읽을 만큼 읽어두는 게 좋은 건, 다 이런 이유 때문이다.

나이를 먹으면 배드 엔딩 영화를 보지 못하게 된다. 현실이 너무나도 절망적인 방향으로만 전개되기 때문에 오락의 마지막에는 무의식적으로 한 줄기 희망이나 행복을 바라기 때문이다. 따라서 젊은 시절에 하드보일드나 고어물은 소화할 수 있을 만큼 소화해 두는 게 좋다.

나이를 먹으면 여행을 가지 않게 된다. 다리도 허리도 약해지고, 무엇보다 귀찮아진다. 그 귀차니즘을 정당화시킨다. 그러니까 젊은 시절에 멋진 여행은 몇 번이고 떠나는 게 좋다.

'귀찮을수록 재미있다', '재미있을수록 귀찮다'고 되뇌면서…….

138

우리가 살아가는 단 한 가지 이유

일설에 의하면, 세계에서 가장 오래된 소설은 '장작불을 둘러싸고 누군가가 누군가와 경쟁하듯 펼친 재미있는 이야기'라고 한다. 소설은 원래 당연히 유형이 아니라 무형이었으리라. 그리고 재미있는 이야기도 맨 처음에는 '진짜 있었던 일'이었겠지만, 그런 이야기에 질린 누군가가 '진짜인지 아닌지 확실하지 않은 이야기'를 해주었을 것이다. 그때 소설이 탄생했을 것이다.

왠지 나는 이 가설을 순간순간 몇 번이고 회상한다.

엘리베이터 버튼을 누를 때, 계란 프라이를 만들 때, 구두를 신을 때 등등 집요하게 생각난다. 그때마다 아무런 맥락도 없이 '우리들이 해야 할 일은 단지 하나, 장작불을 둘러싸고 동료들과 재미있는 이야기를 나누는 게 아닐까'란 생각이 드는 것이다.

재미있는 이야기를 하기 위해, 재미있는 방향으로 뛰어든다. 재미있는 이야기를 듣고 그저 웃는다.
그리고 '아아, 재미있었다'라고 말하며 죽는다. 어려운 이야기들은 이제 되었다. 필요한 것은 단지 그것뿐인 게 아닐까, 생각하게 된다.

139

향수 취향

"만약 헤어지면 상대가 당황할 일이 생기도록, 일부러 많은 여자들이 애용하는 향수를 쓰고 있어."라며 장난꾸러기처럼 알려준 여자가 있었다. 그 향수는 물론 샤넬이었다.

"그날 만날 남자의 취향에 맞춰 전혀 다른 조말론을 쓰지."라고 말하던 도시의 스파이 스타일 여자도 있었다.

"섹스 모드일 때와 수면 모드일 때, 두 종류를 나누어 사용해." 라는 여자도 있었다.

사람에게 향수 취향을 묻는 것은 담배를 시작한 이유만큼이나 다양해서 절실함과 재미가 동시에 느껴진다. 나는 산타마리아 노벨라 시타 디 교토랑 샤넬 블루를 좋아한다. 전자는 불교도와 같은 향기, 후자는 지친 남자의 향기가 난다.

다만, 사람은 자신과 가장 먼 것을 사랑하는 듯하다.

그리고 사랑했던 사람에게 잊히는 것을 가장 두려워하는 것 같다.

140

확실히 하지 않는 사람의 조금 확실한 이유

"저기요, 저랑 데이트 하지 않으실래요?" 머릿결 좋은 미녀가 쭈뼛거리며 말을 걸어온 것은 회사 복도에서였다. 부끄럽지만 말해야겠다. 기뻤다. 꽤 신경쓴 데이트를 즉석에서 계획했다. 정말 기뻤으니까.

하지만 조금 할랑한 데가 있는 사람이었다. '어찌되든 좋다'는 느낌이었다. 무엇이 어떻게 꼬이든, 잘 풀리든 아무래도 좋다는 식으로 사고하는 사람이었다. 그게 아무래도 맘에 걸려서 내 딴에는 드물게 여성을 막차 전에 일찍 돌려보냈다.

그로부터 일주일 후, 그는 회사 내 다른 직원과 혼인신고를 했다. '아아, 그런 거였군!'이라고 생각했다.

생각해보면 그 전에도 후에도 비슷한 일을 나는 겪은 적이 있다. 그때마다 깨닫는 건, '아무래도 좋다'고 하는 사람에게는 어느 한쪽을 정하지 못하는 조금은 확실한 이유가 있다는 것이다. 그리고 그 이유를 본인이 직접 말하는 일은 영원히 없다는 것. 나는 나대로, 그녀의 투철한 교활함 같은 것을 왠지 여태껏 미워할 수가 없다.

141

이상한 사랑의 내면에 자리한 이상한 자기애

지인 중에 그룹 결성 3년차인 인디 아이돌이 있다. 그들은 일주일에 몇 번이고 몇 번이고 무대에 선다. 열광적인 팬들의 성화가 그들을 계속 살려내고 있는 것이다.
그들에게 20대에 얻은 지견이 있냐고 물었다. 그러자 그중 하나가 "갑자기 다가온 사람은 갑자기 사라져버린다."라고 대답했다. 구체적으로 묻자 "어마어마한 사랑을 갑자기 부딪쳐오는 사람은, 같은 양으로 사랑이 되돌아오지 않는다는 걸 알게 되면 바로 사라져요. 그때마다 전 상처받지요."라고 말했다.
그러자 다른 멤버가 "온힘을 다해 사랑한다고 외치는 건 온힘을 다해 사랑해 달라는 의미야. 즉, 본인은 사랑받는 게 당연하다고 생각하는 거지. 자기애가 짱 강한 사람이라는 뜻이지." 하고 순진한 그에게 또박또박 말해주었다.

이외에 “이렇게나 응원하고 있는데…… 라고 말하는 팬은 이미 선을 넘은 거예요.”라는 말도 나왔지만, 그들의 이런저런 잡다한 이야기들을 웃으며 듣던 나는 어느 순간부터 <원령공주>의 초입부에 나오는 보라색의 덥수룩한 숭배신을 멍하니 떠올리고 있었다.

142

욕망에 충실할 것

'인생에는 승패가 있다'고 믿어 마지않는 사람은 '인생에 승패는 없다는 사실에 대한 예견을 가장 두려워한다'고 할 수 있다. 유감스럽게도 인생에 승패 따위는 없다.

다시는 돈에 대한 걱정 따위 하지 않아도 될 만큼 돈이 필요한 사람은, 수단을 가리지 말고 기를 쓰고 일해서 기를 쓰고 모으면 된다. 그렇게 많은 돈은 필요 없으니까 가능한 한 하고 싶은 일을 천천히 즐기고 싶은 사람은, 그럭저럭 일하면서 그럭저럭 모으면 된다. 어느 쪽이 대단하고 어느 쪽이 옳다는 말을 하는 게 아니다. 어느 쪽이든 대단하고 어느 쪽이든 옳다. 거의 모든 문제는 승패도, 옳고 그름도 없다. 구태여 말하자면, 자기 욕망에 가장 충실하게 살고 있을 때가 즐겁다. 그뿐이다.

143

그런 느낌이 드는 날에는

헤어질 때마다 마음이 죽어가는 느낌이다. 그런 때에는 으레 향수를 산다.
보고 싶은 사람에게 더 이상 보고 싶단 소리를 듣지 못하게 된 날, 지겨운 놈에게 조금은 좋은 말을 들었던 날, 전부 잊지 않으리라 다짐하지만 언젠가 그 다짐마저 잊힐지 모른다는 두려움이 들던 날…….
그런 때에는 으레 향수를 산다. 우리 집에는 서른 개 정도의 향수가 있다.

144

해피 엔딩보다 최고의 메리 배드 엔딩을

소설을 발표했을 때 "왜 이 이야기는 해피 엔딩이 아닌가요?"라며 독자가 화를 낸 적이 있다. "지금은 세상 전체가 해피 엔딩 스토리뿐입니다. 해피 엔딩은 대체로 상태가 괜찮을 때에는 도움이 되지만 최악의 상황일 때에는 도움이 되지 않습니다."라고 답했다. 덧붙이자면, 그 소설은 사람에 따라서는 행복한 결말로 읽히기도 한다. 나도 행복한 결말이라고 생각하며 썼다.

'메리 배드 엔딩'이라는 단어가 있다.

의미는 '사람에 따라서는 최악의 결말로 보이지만, 사람에 따라서는 최고의 행복한 결말로도 보이는 이야기'. 즉, 해석에는 근거가 없다는 말이다. 그것이 메리 배드 엔딩의 본질이다.

그것은 소설에 국한되지 않는다.

해피 엔딩 인생을 목표로 한다면 그것은 그것대로 좋다. 해피 엔딩을 목표로 삼는 인간 따위 그리 많지 않다. 나는 메리 배드 엔딩 인생이어도 괜찮지 않을까 생각한다. 본인이 행복하다고 생각한다면 그건 그것대로 좋지 않은가.

극소수의, 아는 사람만 알면 그것으로 족하다고 생각할 때가 있다.

연애에 관한 55가지 지견

01 동화 속 공주도 왕자도 없다. 운명은 자신이 만드는 수밖에 없다.

02 '좋아하는 것'에 이유는 필요 없다. 슬프지만 '싫어하는 것'에도 이유는 필요 없다.

03 '좋아하지도 싫어하지도 않는다'고 하는 감정이 언젠가는 우리들을 가장 상처 입힌다.

04 존경심이 바탕인 관계는 오래 간다.

05 쌍방이 경제적으로 자립하지 않은 연애는 웃음거리이다.

06 쌍방이 정신적으로 안정되지 않은 연애는 위험하다.

07 쌍방이 생활적으로 자립하지 않은 연애는 단명한다.

08 우리들은 완벽한 상대에게는 반하지 않고, 왠지 상대의 불완전함에 반한다.

09 완벽한 상대는 어디에도 없다. 그리고 완벽한 자신도 어디에도 없다.

10 연애 테크닉으로 여유롭게 상대를 낚을 수 있는 남자는, 결국 거기까지인 남자이다.

11 연애 테크닉으로 여유롭게 상대를 낚을 수 있는 여자는, 결국 거기까지인 여자이다.

12 속일 때는 완벽하게 속여라.

13 모든 것을 털어놓는 것이 정의는 아니다.

14 모든 것이 알려졌다가는 즉각 질린다고 생각해라.

15 그러니까 더욱 미지의 상태를 남기고, 의미는 모호하게 남기며, 공부하라. 느리게 계속 변화하라.

16 '좋아해'라든가 '사랑해' 따위의 말보다 '순간의 사랑스러움'을 믿는 편이 마음 편하다.

17 왜 싫어졌는지 어른은 어른에게 설명하지 않는다. 위태로운 사람은 위태로운 채 끝난다.
18 당신이 좋아하는 사람은 당신이 좋아하는 장소에 있다.
19 갑자기 다가오는 사람은 갑자기 가버린다.
20 이성 간의 우정은 99퍼센트 성립하지 않는다.
21 어느 한쪽이 극단적으로 성적 매력이 없으면 이성 간의 우정은 성립한다.
22 이성 간 우정의 결정적인 끝은 '다른 사람에게 빼앗기고 싶지 않아'이다.
23 먼저 칭찬하라.
24 칭찬할 때에는 모든 단어를 동원하라.
25 그럼에도 말은 어디까지나 진부하다.
26 연애에 메신저는 필요 없다. 빨랑빨랑 손을 잡고 바다로 돌진하라.
27 진짜로 좋아진 상대에게 인간은 스마트하게 행동할 수 없다.
28 양쪽 다 보고 싶다고 생각만 한다면 영원히 만나지 못한다.
29 휘두르고 싶은 사람보다 휘둘리고 싶은 사람이 많다.
30 낚기보다 낚이고 싶은 사람이 많다.
31 그러니 더욱 꼭 전자가 되어라.
32 '사귄다'는 것은 즐기는 것, 즐겁게 하는 것. 그 심플함만으로도 좋다.
33 '사귄다'는 게 폐를 끼쳐도 된다는 뜻은 아니다.
34 일부러 상대에게 어리광을 부리는 것이 상대의 응석을 받아주는 것이 되기도 한다.
35 '겉모습' 또는 '성격'이라는 두 가지 선택지가 있지만, 어느 것 하나 자의로든 타의로든 타협하지 마라.
36 맨 처음 가진 위화감이나 삼켜버린 타협점은 결국 팽창할 뿐이라고 생각하라.
37 헤어짐의 징후는 '귀찮음'이다.
38 헤어짐의 결정타는 '이 이상 당신과 이야기해 봤자 허사'라는 느낌이다.
39 길게 사귀는 게 목적이 되어버리면 연애는 끝난다.

40 '좋아해'나 '사랑해'를 서로 나누는 것만이 사랑이 해야 할 일은 아니다.
41 연상이 매력적으로 보이는 것은, 단순히 자신의 지식과 여유가 모자라기 때문일 뿐이다.
42 연상이 연하에게 원하는 것은 아름다움이나 귀여움이 아니다. 나이를 무효하게 만드는 생활 태도이다.
43 남자든 여자든, 일단 연상에게 단련받은 후 연하에게 가서 버림받는 것이 세상의 상식.
44 단 하룻밤에 생긴 일을 기억하는 것은 가해자가 아니라 피해자뿐이다.
45 상대의 이상 행동의 근원은 이유를 알 수 없을 정도로 비참한 과거 때문인 경우가 많다.
46 사귀지 않아도 될 정도로 좋아하니까 사귄다, 정도가 딱 좋다.
47 기다리는 건 이제 귀찮으니까 함께 산다, 정도가 딱 좋다.
48 결혼하지 않아도 될 만큼 행복하니까 결혼한다, 정도가 딱 좋다.
49 상대방의 일에도, 본인의 정신이나 생활에도 '절대 안정' 같은 건 있을 수 없다.
50 동거도, 결혼도, 출산도, 육아도…… 그 누구도 완벽할 순 없으니 안심하자.
51 '그거 하지 마'가 아니라 '이렇게 해주면 기쁠 거야'라고 말하자.
52 싸움은 불가피할지 모르지만, 시비 걸기는 마음먹기에 따라 피할 수 있다.
53 이름 없는 관계는 이름 없는 채로, 때로는 그대로 두는 것도 좋다.
54 몇 번이고 실연당해도 괜찮다. 결혼해도 괜찮다. 이혼해도 괜찮다.
55 사랑, 그 어이없는 단어에 평생 휘둘릴 각오를 해라.

이 리스트를 전부 의심하라!

4장

사랑에 관한 몇 가지 끄적임

145

사랑이란 온힘을 다해 쥐어짤 수 있는 모든 것

사랑이란 돈일까? 시간도 공임도 드는 것? 아니면 두 사람의 대화가 끊이지 않는 것일까? 질문이 끊이지 않는 것일까? 좀 더 현실적으로, 레스토랑 선택이나 계산이 스마트한 것일까? 아니면 곤경에 처했을 때 도와주는 것, 농담을 해주는 것? 아니면 갖은 말로 칭찬하거나 마음을 다해 혼내는 것, 특별 대우를 하며 계속 편을 들어주는 것일까? 이런 걸 곰곰이 생각하던 시절도 있었다.

하지만 우리들이 원하는 것은 결국, 그 모든 것. 우리들이 사랑하는 이에게 바치는 것 또한 그 모든 것. 가난하든 부자든, 요령이 있든 없든 관계없이. 무엇보다 이 모든 것에 공통으로 존재하는 건 '온힘을 다해 쥐어짜는, 상대방을 위하는 마음'.

하긴, 드물긴 해도, 전력을 다하지 않도록 마음 쓰는 사랑도 있을 테다.
아아, 뭔가 좀 부끄럽다. 그러니까 좀 더 파렴치한, 오카사키 유미코의 멋진 단가를 마지막으로 이 방자한 글을 마친다.

> 몸일랑은 내어줄 테니
> 그대가 가진 사랑이라 이름 붙은 모든 것을 내놓으시지

146

불문율의 극히 일부

보다 크고 보다 극단적인 것을 위하여

작은 신용을 희생하는 짓은 그만두자.

147

약함을 전제로

강한 사람보다는 약한 채로 강해지려고 하는 사람을 좋아한다. 상처받지 않도록 조심하며 사는 사람보다 번번이 상처받아 성을 내거나 우는 사람을 좋아한다. 내가 닳고 닳은 것을 비웃는 사람보다 섬세함을 단념하지 말라고 충고하는 사람을 좋아한다. 결국 그 모든 것이 아무래도 상관없어지기 직전에, 따끈한 국물을 한 모금 마시는 사람을 좋아한다.
그것이 진짜 강한 사람이다.

148

요리라는 연서

요리를 할 줄 안다는 건, 사람을 행복으로 때려눕힐 수 있다는 뜻이다.
행복의 종류는 많은 편이 좋다. 있어서 좋은 건 넘칠 만큼 있어도 좋은 법이다.
사람에게 대접해도 좋고, 자신에게 대접해도 좋다.

149

우리는 아름답게 패배하기 위해 태어났다

'한 사람의 인생이 변하는 3대 이벤트란 결혼, 아이의 탄생, 부모의 죽음이다'라는 소리를 들어봤을 것이다. 하지만 과연, 정말 그럴까?

내 생각에, 이 설을 맨 처음 제창한 사람은 결혼에 대한 꿈이 너무 컸던 게 아닐까 싶다. 아니면 태어난 미지의 생명체에 크게 놀랐던지, 평소에 부모님에 대한 효도를 등한시했던 게 아닐까. 인생이 격변할 수밖에 없는 순간이란 이런 표층적인 때가 아니다. 인생이 격변하는 순간이란 '절대 이 사람에게는 이길 수 없다'고 마음속 깊은 곳에서 확신이 드는 순간이라고, 나는 생각한다.

연애 이야기로 예를 들면 알기 쉽다.

'좋아'가 '사랑스러워'로 변한 순간 '이제 이 사람에게는 이길 수 없겠구나', '누구도 이 사람을 이길 순 없지 않을까' 하고 생각하게 된다. 우리들이 어렴풋이 동거나 결혼을 생각하는 것도 대체로 그런 충격적인 순간이다. 아마도 하나의 사랑이 가장 아름답게 죽는 순간이리라.

일 관계로 예를 들어도 알기 쉽다.

어떤 분야에서 1등을 하고자 한다. 그 과정에서 나보다 훨씬 적성에 맞고 재능이 있는, 그러면서도 매사에 열심인 사람을 만난다. 그런 사람이라면 져도 분할 것 같지 않겠단 마음이 든다. 대단한 근성이 없는 한, 그런 사람을 이길 수는 없다. 그 현실을 깨닫는 순간, 나만의 새로운 토양을 찾아 나서기 위해 한 발을 내딛는 것이다.

가족을 예로 들어도 이야기는 달라지지 않는다.

엄마가 된 친구도 아빠가 된 친구도, 딸이나 아들을 보면서 역시 '이 아이에게는 이길 수 없구나'라는 생각이 든다고 한다. 그러나 그 애처로운 패배감은 태어난 순간이라기보다 육아의 국면, 국면에서 드는 생각이라고 했다. '자신만을 위해서 살기보다 이 아이를 통해 세계를 보는 것도 괜찮지 않을까'라는 조금은 말랑해지는 기분이 드는 것 같다.

물론 그런 생각 따위 하지 않는 부모도 있을 수 있다.
그건 그것대로 상관없다.
부모와 자식의 반대 패턴도 있다. '역시 엄마에게는 이길 수 없어, 아빠에게는 이길 수 없어'란 사실을 10대 후반에 깨닫고, 미워하던 부모를 일단 용서하는 것으로 자신의 인생을 겨우 허락하게 된 사람도 있다. 등에 짊어진 짐을 내려놓는, 그런 순간이 도래한다.
우리들은 이기기 위해서 태어난 게 아니다. 아름답게 패배하기 위해 태어났다. 멋지게 패배하고 다시 일어나는 순간, 진정한 인생의 분기점이 찾아오는 건 아닐까.

150

긴자선, 기도, 아날로그 로맨틱

"긴자선밖에 없었지, 우리 때에는. 휴대폰 같은 건 당연히 없었고."

그렇게 옛날이야기를 시작한 것은 바에서 만난 예순다섯의 은발 남자였다. "그러니 약속을 하면 그저 기도하듯 기다리는 수밖에 없었어. 그런 기다림을 자네 세대가 알 리 없지." 하고 그는 으쓱거리며 말했다.

'긴자선밖에 없었지. 그저 기도하듯 기다리는 수밖에 없었어.'

그의 이 달콤한 말만으로 완전히 취했던 것이 자주 생각난다.

한편, 친척 중학생 남자아이에게 요즘 연애 사정을 물으니, 이 또한 설마 싶은 이야기를 해주었다. "중요한 이야긴 SNS로 하지 않아요. 꼭 직접 만나서 얘기하려고 하죠."라고 말하는 것이다.

조금 의외였다. 왜 그러느냐고 묻자 "스샷당해서 확산되는 건 싫으니까요."라고 답했다. 가혹한 시대이다. 그러나 그 또한 어떤 의미에서는 좋아하는 사람과 단 둘만 있고 싶다고 '기도'하는 게 아닌가.

악의도 호의도 가차 없이 폭로당하는 살벌한 시대에서 트위터가 가르쳐준 건 '진짜로 위험하거나 심각한 일은 인터넷에 올리지 않고, 직접 만나서 이야기하고 싶어 한다'는 점이다. 인스타그램이 가르쳐준 건 '그래도 진짜 멋진 순간은 단 한 사람과 나누고 싶어 한다'는 점이다. 스토리 기능이 가르쳐준 건 '한 사람에게 전하기 위하여 모두에게 전하는 사람이 이렇게나 많다'는 점이다.
당연한 이야기지만, 진정으로 충만한 사람은 SNS를 매일 갱신하거나 하지 않는다.
그러고 보니 코로나로 인하여 온라인 회식이 일반화되었음에도 불구하고 여전히 우리들은 영상통화를 끝내며 "언제쯤 같이 마시려나. 빨리 만나고 싶다."고 입을 모은다. 무엇이 얼마나 디지털화되든, 시대는 옛날이나 지금이나 줄곧 본인에게 직접 전하는 것을 최고의 행복으로 느끼는 듯싶다.

솔직히 아날로그 대화만큼 사랑스러운 것이 어디 있을까.

어떤 소설 한 줄이나 어떤 영화의 한 장면보다 친구가 곤드레만드레 취해서 흘리는, 뜻밖의 한마디를 나는 사랑한다.

151

좋아한다는 말보다 어려운 싫어한다는 말

어른이 되면, 사람들은 아무런 말도 없이 떠난다.

당신의 이런 점이 싫다든가 거북하다든가, 그런 말 한마디 없이 입을 다문 채 사라진다. 그런 현상이 당연한 세상임에도 불구하고, 오히려 질책해주길 원하는 사람이 있다. 자신을 제대로 부정해주길 바라는 이가 있다. 아주 사치스러운 바람이 아닐 수 없다. 그러나 재미있는 건 본인만이 아니라 상대방 또한 같은 것을 바란다는 점이다.

좋아한다는 말을 나누기보다 훨씬 어려운, 사랑하는 사람에게 해줘야 할 '일'이 있다.

152

장거리 연애에 관하여

결론부터 말하자면, 장거리 연애의 해피 엔딩은 '함께 사는 것' 외에는 있을 수 없다.
함께 사는 게 멋쩍다면 같은 동네에 사는 게 이상적이다. 그것을 공유할 수 없는 상대와는 언젠가 결별하게 된다.
장거리 연애에서는 별것도 아닌 일을 서로 보고하는 것도 중요하다. 사진이라든가 과자를 주고받는 것도 중요하다. 좋아하는 영화나 책을 서로 추천하면서 같은 것을 자세히 보는 것도 중요하다. 혼자라도 살아 나갈 수 있는 생활 능력 또한 중요하다. 그러나 서로를 바라보는 일보다 더욱 중요한 것은, 서로가 같은 방향을 바라보며 같은 희망으로 하루하루를 사는 일, 그 작은 실감이다.

아무리 지금 장래성이 없다 해도 장래를 계속 이야기하는 것.

허풍을 떨고, 그 약속을 제대로 회수하는 것.

이것은 장거리뿐 아니라 중거리, 근거리에서도 변하지 않는다.

두 사람이 만나는 빈도 같은 게 문제가 아니다. 만나지 않는 동안에 무엇을 하는지가 연애를 결정짓는 법이다.

153

여자의 분노와 남자의 분노

여러 여성을 성나게 하고 나서야 알게 된 사실이 있다. 그녀들은 지금 화가 난 일을 계기로 과거에 참았던 일을 소급하고, 더욱 더 과거로 가는 일이 많다. 즉, 여자는 화가 날 때마다 그 즉시 화내지 않고, 화를 적립해 두었다가 만기가 차면 한꺼번에 결제한다.

반면, 여러 남자를 성나게 하고 나서야 알게 된 사실이 있다. 그들은 어느 쪽인가 하면, 화를 적립하지 않고(라기보다 과거를 기억해둘 능력이 거의 없고) 화를 낸다고 해도 그 자리뿐이어서, 무조건 상대방이 자신의 잘못을 인정하기만 하면 '오늘은 이걸로 됐어'로 끝나는 경향이 많다. 즉, 남자는 화를 그때마다 소액 결제한다.

나도 남자라서 그런가, 가능하면 모아두었다가 한꺼번에 하는 결제는 그만두었으면 좋겠다. 그때그때 제대로 말해주길 바란다. 바보라서, 말해주지 않으면 모른단 말이다.

154

남자는 여자의 작품

결혼 상대를 어머니에게 소개한 날 밤, 어머니와 둘이서 식탁에서 위스키를 마셨다. 딱히 무슨 대화를 나누었는지는 기억이 나지 않지만, 스트레이트로 다섯 잔쯤 마셨을 때 어머니께서 이런 말씀을 하셨다. "알아듣겠지? 만약 이제부터 네 여자가 초라해 보인다면 그건 전부 네 책임이란 뜻이야. 원하는 건 전부 사줘. 남자는 그 정도밖에 할 수 있는 게 없으니까. 그것도 못 해준다면 넌 여자에게 그 어떤 말을 할 자격도, 권리도 없는 거다. 알겠지?"

폭력조직의 보스와 같은 어머니의 말씀에 내 몸은 무의식중에 부들부들 떨렸다. 나고 자란 고베를 한 번도 떠난 적 없이, 온실 속 화초로 자란 내 어머니의 입에서 그런 투의 말이 나오다니….

사실 당시 나는 어머니의 이 말씀에 한마디도 긍정할 수 없었다. 왜냐하면 기혼이든 미혼이든 그 여자가 초라해 보이는 건 그녀의 미학의 문제이고, 그 여자의 책임이니까. 그러나 어머니의 말씀에서 산토리 위스키 다섯 잔 분의 폭력을 걷어내면, 확실히 긍정할 만한 부분도 있다.

생각건대, 남자는 여자의 작품이다. 그러나 여자는 남자의 작품이 아니다. 여자는 여자 자신에 의한, 완전히 독립된 창작물이다.

이렇게 생각하는 근거는 단순하다. 섹스를 한다고 치자. 사귀는 사이건, 단순한 섹스 프렌드건, 유흥업소 종사자건. 남자는 이틀 내내 그 여자만 생각한다. 따라서 대부분을 여자의 요구에 맞춘다. 한편 여자는 남자를 그렇게 생각하지 않는다. 열중하지 않는다. 그녀들은 해야 할 다른 일이, 얻어야 할 승리가 아주 많기 때문이다.

그렇다면 남자의 대부분은 여자의 교육에 의해 형성된 선물이라고 할 수 있다. 가령 여유가 있는 남자의 그 여유, 섹시한 남자의 그 섹시함… 그것들은 대부분 다른 여자, 과거의 여자에 의해 만들어진 작품이다. 이 원칙을 잘못 알고, '그분은 여유가 있어서 멋지더라' 같이 안이하게 생각해버리면 사고가 난다. 왜냐하면 그의 젠틀함은 당신 이전의 누군가 다른 여성의 교육에 의한 선물, 조건반사와 같은 것이니까.

과거의 여자가 손본 부분을 뺀, 본체의 본체를 사랑하지 않는 한 사랑한 건 아니지 않을까? 남자 또한 사랑받은 건 아니지 않을까?

155

인간이 혼자서 살 수 있을 리 없어

어떻게든 옛 연인을 잊어야만 한다는 생각이야말로 여전히 옛 연인에게 사로잡혀 있단 증거인 것처럼, 내가 "더 이상 여자 따위 안 믿을 거야!"라고 말하면 당신은 '아아, 이 사람은 여자를 믿고 싶어서 안달이 났구나'라고 생각할 것이다. "더 이상 사랑 따위 하지 않아!"라고 말하는 사람은 5천 퍼센트의 확률로 재차 사랑을 시작한다.

혼자서 살아가려는 짓은 이제 그만두자.

의지할 것은 의지하고, 믿을 것은 믿자. 서로 도움이 된다는 사실을 순순히 인정하고, 느슨히 기대어 살아가는 게 진짜 자유, 진짜 자립 아니겠는가. 인간이 혼자서 살 수 있을 리 없잖아!

물론 어떻게 살든 자유겠지만, 나는 어리광쟁이로 살고 싶다.

156

우리가 할 말은 그저 한 가지뿐

노력을 하면 "필사적이네."라며 비웃음을 사고, 아무것도 하지 않으면 "게으르다."고 뒤에서 손가락질 받는다.
연인이 있으면 "그런 인간인데 괜찮겠어?"란 소리를 듣고, 연인이 없으면 "외롭지 않냐?"란 소릴 듣는다. 연인 미만의 관계라면 "일단 그만둬!"란 소리를 듣는다. 그만두란 소릴 듣고 그만둘 요량이면 처음부터 시작도 안 했겠지.
개성을 추구하면 이성에게 인기가 없다고 놀리고, 극히 무난하면 고지식하다고 놀린다. 결혼하지 않으면 고독사할 거라고 하고, 결혼하면 자녀 계획을 묻는다. 아이가 생기면 둘째는 언제 가질 거냐고 묻고, 이사는 언제 할 거냐고도 묻는다.
무슨 말을 해도, 무슨 짓을 해도 창은 날아온다. 더러운 입은 날

아온다.

그러므로 우리들이 해야 할 말은 그저 한 가지뿐이다.

시끄러워, 입 다물어!

나는 내 맘대로 살 테니, 너도 네 맘대로 살다 죽어.

157

슬픈 발라드의 세계

이미 본 불꽃놀이는 색부터 잊어버리지만, 보지 못한 불꽃놀이는 보지 못했단 사실을 잊지 못한다. 사귀었던 사람이 왜 좋아졌는지는 잊어버리지만, 사귀어 보지도 못한 사람을 좋아했던 이유는 간단히 잊지 못한다.
굳이 가지 않음으로써 영원히 남겨두고 싶은 장소도 있다.

닿지 않았던 게 어쩌면 더 잊기 힘든 건지도 모른다.
그래도…… 다가서기를 멈추는 일은 없겠지.

158

개인 글의 무단 공개

“섹스 프렌드의 아파트에서 보이는 바다가 나의 전부였다.”

159

복연에 관하여

만약에 어떤 사람과 '다시 연을 맺어도 될까?' 생각하는 중이라면 '영화의 속편은 대체적으로 재미가 없다'는 것을 기억하자. 그래도 속편을 만들 예정이라면 '전작 따위는 생각나지 않을 정도로 전혀 다른 걸작을 만들겠다!'는 각오가 필요하다.

160

동성애를 특별하다고 생각하는 이는 동성애자뿐

나는 중·고등학교를 연속해서 남자학교에 다녔다.
따라서 좋아한다는 고백을 받은 것도, 고백까진 안 했어도 맘에 든단 생각을 한 사람도 이성보다 동성 쪽이 빨랐다. 거기에 있었으니까.
공부를 핑계 삼아 밤새는 날엔 부둥켜안고 자기도 하고, 쉬는 시간에 볼 뽀뽀를 하거나 당하기도 했다. 대부분은 다음 시간의 단어 시험공부를 방해한다는 목적 등이 있었지만, 명목상 둘러대는 거지 대부분 진심이다. "어쩌다 좋아진 상대가 동성이었다." 같은 말도 놀랍지 않았다. 사정은 여학교도 같다고 들었다.
지금 생각하면 뭔가 웃기는 이야기지만…….
그래서일까, 동성애가 당연하다고 생각했다. 오히려 동성애뿐 아니라 이성애라는 게 있다는 걸 깨달은 것도 대학에 들어가고 나서다. 동성을 좋아하는데 상대가 동성애자가 아닐 때, 그 연정은 비련이 된다고들 말한다.
하지만 나는 그렇게 생각하지 않는다.
천천히 이야기하면 된다. 천천히, 이성으로는 할 수 없는 일을 해주면 된다. 상대에게 결핍된 부분을 완벽하게 메워줄 수 있는 최고의 친구가 되어주면 된다. 그리고 준비가 되었을 때 진솔하게 생각을 전한다. 그 정식 수순을 밟다 보면 이루어지는 사랑도 있고, 잃고 마는 사랑도 있을 테다. 다만 그들이 좀처럼 고백을 하지 않는 것뿐이다.
만약 사랑을 이루지 못했다 해도, 그것은 동성애 탓이 아니다. 상대방의 이해 부족 탓도 아니다. 시대의 탓도 아니다. 단순히 나의 실력 부족이다. 혹은 단지 운이 나쁜 거다. 그러나 운이 나쁜 것도 실력 부족이다. 이루지 못한 사랑을 깨끗이 인정하고 미움받으면 된다. 그러다 견디기 힘들어지면 다시 용기 내어 다른 사람을 사랑하면 된다.
생각은 화려하게, 날려버리면 된다.
아아, 평범한 결론이 되어버렸다. 왜냐하면 동성애란 게 원래 평범한 거니까.

161

동거 정도는 경솔하게 시작해도 된다

만약 좋아하는 사람이 있어서 '이 사람이라면 함께 살아도 될까?'란 생각이 든다면 잡생각 따위 집어치우고 빨랑빨랑 동거를 시작해 버리는 게 좋다. 연애는 단지 전희이다. 동거야말로 인간과 인간의 진검 승부, 본편이다.

'내가 지금 죽어도 아무도 모르겠지?'란 생각이 든다면 더욱 그렇다. 혼자서 먹는 밥이 '음식'이라기보다 '먹이'란 생각이 든다면, 이제 동거를 시작해야 할 때이다. 고독이라는 것에서 아무런 의미도 찾을 수 없게 되면, 역시 이제 동거를 시작해야 할 때이다.

하나의 인간과 하나의 인간이 함께 살기 시작할 때, 쟁점은 무수히 많다.

수건은 사용한 즉시 세탁해야 하는 타입인지 2회 연속 사용을 허용하는 타입인지, 외식파인지 집밥 추구파인지, 단 걸 좋아하는지 매운 걸 좋아하는지, 아침형인지 저녁형인지, 깨끗한 걸 좋아하는지 와일드한지…… 그런 쟁점은 아주 많다. 가령 똑같이 청결을 추구하는 타입이라도 집착하는 포인트는 크게 다를 수 있는 법이다.

그러나 그런 사전 확인은 최소한이어도 된다.

아무리 사전에 타협을 한다고 해도 99퍼센트는 결국 예상도 못한 부분에서 언쟁이 생기기 때문이다. 그때마다 대화를 나누어야만 한다. 물론 대화로 해결되지 않는 경우도 있다. 그것이 누군가와 함께 산다는 의미이다.

단번에 흑백을 가리기도 어렵고, 하루하루는 순식간에 지나가 버린다.

그렇기에 더욱, 맨 처음에는 동성과 살아보는 것이 좋다.

일을 하면서 가장 필요한 것은, 언제라도 그 일을 그만둘 수 있게 만들어주는 도망 자금이다. 그와 마찬가지로 동거에 필요한 것은, 언제라도 그 동거 생활을 해소할 수 있는 생활력이다. 다음으로 중요한 것은, 기분 나쁘거나 부당하단 느낌을 상대에게 부딪치지 않기 위한 이성, 또는 감정 해소를 위한 제3의 장소,

어떤 비참함도 재미로 받아들이는 시크한 정신이라고나 할까.

사실 이런 건 누구나 알고 있고, 예상도 된다. 그러나 잘 알고 있다고 믿었던 자신조차도 어떤 때에 규칙을 지킬 수 없는지, 아무리 지적인 상대라도 그 총명함을 어떤 때에 어떻게 잃는지…… 그것은 함께 살아보지 않으면 알 수 없다.

여행을 떠난다 해도, 드라이브를 한다고 해도, 그런 일은 알 턱이 없다.

뒤탈이 없도록 역시 맨 처음에는 동성과 살아보는 편이 좋다.

162

함께 사는 행위의 본질은 괴롭힘

남자 세 명이서 6년이나 함께 살고 있는 고베의 친구에게 "동거로 얻은 최대의 지견은 뭐야?"라고 물었다. 그는 마시던 아이스커피를 내려놓고 고개를 갸웃거리다 "동거라는 게 기본적으로는 괴롭힘이라고 생각해."라고 대답했다.

"이질적인 것, 방해되는 자로서 제대로 상대를 방해하고, 상대의 생활도 인생도 엉망진창으로 만들며 즐기는 거 아닌가 싶어."라고 아무렇지도 않게 말했다.

'그러면서 용케도 6년이나 버텼네'란 생각을 하고 있는데, "그러다 때때로 서로 돕는 게 아닐까?" 하고 그는 정중하게 덧붙였다.

나도 지금까지 세 번 동거를 했다. 상대는 이성인 때도 있었고 동성인 때도 있었다.

따라서 그 친구의 말이 무슨 뜻인지 잘 안다.

'함께 살면 경제적으로 합리적이잖아'라는 이유로 많은 사람들이 동거를 시작한다. 그러나 이질적인 인간끼리 같은 공간에 산다는 것의 본질이란, 이문화의 부딪침이며 놀라움과 이해의 충돌이며, 비언어와 언어가 섞인 365일 전쟁이다. 저렇게 멀리 떨어져 있는 트럼프와 시진핑도 싸우고 있으니, 이렇게 가까운 인간과 인간이 소설 한 권 분량 정도의 싸움을 안 할 수 있겠는가.

이 전제를 쌍방이 착각해서는 안 된다. 잊어서도 안 된다.

'함께 살면 합리적이잖아'라는 말을 나누며 동거를 시작하는 것은 어디까지나 겉치레고, 진짜로는 '서로 멋지게 괴롭혀봅시다'라는 동의 하에 시작해야만 하는 것이다.

그렇게라도 하지 않으면 모르는 사이 '합리적'이란 말은 결국 '나는 너에게 이렇게까지 하는데 넌 이 정도도 못해!' 같은 합리적 주고받음이 되어버린다. 아니, 애초에 동거는 비합리적·비논리적, 부조리의 연속이다.

사랑이나 친절함은 합리적이라는 말과는 아주 궁합이 나쁘다.

게다가 '무언가를 해주었다'의 그 '무언가'는, 대부분, 상대에게는 가치가 없다. 같은 청결파라도 창은 더러워도 상관없는 청결

파가 있다. 현관이 다소 더러운 것은 방치하는 청결파도 있다. 그리하여 두 사람은 엇갈리게 되고, 싸우게 된다. 부조리인 것이다.

잘 섞이고 스며들었는가? 서로 이해하지 못했던 부분을 잘 이해하게 되었는가?

같은 샴푸를 쓴다고 같은 인간이 되지는 않는다. 그것마저 즐길 수 있는가?

그것이 동거의 기본이다. '괴롭힘을 당해도 괜찮아. 괴롭혀도 괜찮으니까 이제 같이 살자'고 하는 여유와 장난기가 바로 동거의 전제라고 할 수 있다.

✳

163

행복해지기 위해
불행해질 필요는 없다

야근 시간이 과로사 기준의 세 배를 넘은 날.

혀가 꼬부라지고, 입술과 눈꺼풀이 부들부들 떨리며, 귀가 머는 것이 느껴졌다. 게다가 슬픈 것은, 아무 생각도 안 하고 있었는데 전철 안에서 눈물이 멈추지 않았다는 거다.

격무에 시달려 본 적이 있는 사람이라면 누구라도 공감하겠지만, 돌이킬 수 없는 비참함의 한가운데에 이르러서도 '어떻게든 될 거야'라고 사람은 기를 쓰게 되는 법이다. 나 또한 그랬다. 그야말로 젊은 혈기의 소치였다.

입만 열면 일에 대한 푸념, 내 인생에 대한 한탄뿐이었지만, 그래도 일을 계속했다. 동료가 기다리고 있었다. 클라이언트가 기다리고 있었다. 아침 9시에 출근해서 아침 7시에 퇴근했다. 거

울을 보면 입술에서는 붉은빛이 사라진 지 오래고, 얼굴 전체가 거무스름해져 있었다.

그런 생활이 수개월 계속되던 밤이었다. 자유라든가 인생이라든가 행복이라든가…… 그런 말랑말랑한 건 거의 체념하고, 푸념이나 한탄을 할 체력도 고갈된 때였다. 나를 노려보며 "자기는 지금 스스로를 폼 난다고 생각할지 모르겠지만, 지금 엄청 꼴사나워."라는 말로 정면에서 어퍼컷을 날린 것은 당시의 연인이었다.

그 다음에 들은 말도 잊지 못한다.

"당신이 좋아서 선택한 일에 푸념을 한다는 건 이상하지 않아? 싫으면 그만둬. 행복해지기 위해 불행해질 필요는 없지 않아? 빨리 죽고 싶다면 좀 더 폼 나게 죽어!"

인정 따위 한 톨도 없었다. 하지만 그게 좋았다.

그 일은 이제 그만두었다. 지금은, 그런 상태는 아니다.

언젠가 다시 그렇게 될지도 모르지만……. 그래도 만약 누군가가 나 같은 생활을 하고 있다면, 이번에는 내가 그 말을 해주어야만 한다. 그렇게 생각하고 있다.

164

그래도 우리는 어느 쪽이든 선택해야만 한다

초속 1센티미터로 점 P가 기발한 모양으로 움직이거나, 방선 b의 작자의 기분을 생각해야만 했던 10대 즈음에는 아직 괜찮았다. 정답이 반드시 있었다. 대학입시도, 자격증도, 취직시험도, 인간관계도, 데이트도 밑바탕은 같았다. 어차피 100점 만점의 해답 패턴은 있었다. 즉, 우리들은 20대 전반까지 '1+1'이라는 세계선상을 살고 있었던 것뿐이다.

그러나 그 안전한 세계선은 20대 후반에 무너진다. 왜냐하면… 얼짱이지만 정조는 문란한 남자, 성격은 선량하지만 너무 선량하여 지루한 남자, 어느 쪽이 좋을까? 마음씨는 곱지만 조잡하고 안달복달하는 여자, 과묵하고 미인이지만 생명력이 걱정인 여자, 어느 쪽이 좋을까? 연봉은 높지만 고되고 바쁜 일, 타협적인 연봉으로 안정은 되지만 그다지 하고 싶지 않은 일, 어느 쪽이 좋을까?
양쪽 다 선택할 수 있다면 좋겠지만, 어느 쪽이든 한쪽을 선택해야만 한다. 양심을 버리면 어느 쪽도 취할 수 있을 테고, 정이 없으면 어느 쪽도 버릴 수 있을 것이다. 하지만 그렇지가 않다. 그렇게 되지 않는 때가 있다. 그리하여 언젠가는 어느 쪽이든 하나를 택해야 하는 때가 온다.

극단의 선택을 강요당했을 때, 꼭 떠올려주었으면 하는 말이 있다.
'자신이 택한 선택과 그 결과를 마음으로 받아들였을 때, 예전의 그 선택은 비판 시에 소급되어 올바른 선택으로 인도한다.', '바른 선택도, 잘못된 선택도 우리에게는 없다. 따라서 어느 쪽을 선택해도 같다.', '이끌려온 결과 전부를 온몸으로 받아들임으로써 처음으로 편해진다.'
모든 것을 수용하는 날이 오기까지는 후회도 있고, 푸념도 있고, 한눈도 팔 것이다. 하지만 모든 선택들을 몽땅 받아들여서 '이것으로 되었다'고 생각하는 순간이 오기까지 리미트를 정해 기다려 보면 된다.

확 와 닿으면 그것으로 되었다. 아니라면 아닌 것으로, 다음에 가면 된다. 여기에서 나는 '인생의 복선을 회수한다'는 문구를 떠올린다.

살다 보면 '그때 그 일은 이날 이 순간을 위해서였던 거네!' 같은 일들이 가끔 일어나는데, 우리는 그 전제를 잊고 살기 십상이다. 복선의 대부분은 회수된다.

물론 좀처럼 회수되지 않는 복선도 있다. 아직까지도 씻어내기 어려운 좌절, 이해하기 어려운 이별, 인정하기 어려운 감정적인 죽음…. 이 회수되지 않는 복선 또한 구름 위에 있는 장난꾸러기 신이 우리에게 보내준, 무언가 다른 일을 위한 전조라는 것을 조용히 떠올리자.

어느 쪽인가를 선택하자, 계속 선택하자. 죽지 않는 한 다음은 있는 법이다.

165

우리들의 전쟁에
가치 있는 클리셰

'결국 인간은 혼자 죽는다.'

'영원 따위 존재하지 않는다.'

'결국 얼굴이 전부.'

'기대하지 않는 것이 가장 현명하다.'

'여자와 남자는 평생 서로 알지 못한다.'

'인생은 죽을 때까지의 킬링타임.'

'결혼은 연애의 무덤.'… 이런 멋진 말들이 있다.

사실 10대, 20대가 인생 다 안다는 얼굴로 입에 올릴 만한 대사이긴 하다. 게다가 다 뭔가 진리와 같은 울림이 가득하니까.

하지만 이런 걸로 한 사람의 인생을 결론짓기에는 너무 빈약하다. 이런 흔한 허무를 부셔버리기 위하여, 이런 어디에나 굴러다닐 빈곤에 커다란 반론을 더하기 위하여 우리는 분투하는 게 아닌가.

나는 이러한 말들을 '우리들의 전쟁에 가치 있는 클리셰'라고 내 맘대로 지정하고 있다.

166

양쪽 다 나쁘고 양쪽 다 옳다는 전제

'아무리 선량한 사람이라도 착실히 살려고 애쓰다보면 누군가의 스토리에선 악역이 되는 법이란다.'
강렬한 여운을 남기는 이 말은 《고양이 절의 지온 씨》라는 만화에 등장하는 대사이다. 사실 이 진리는 '세균맨'에게만 국한되는 이야기가 아니다. 앞뒤 안 보고 연애에만 매진하는 사람은 누군가의 세컨드가 되기 쉽다. 섹스 프렌드나 불륜 상대가 되어버리는 일도 있다. 순수하고 모범생인 사람일수록 위험해진다는 건 여러분도 잘 알고 계실 터이다. 물론 그 모든 난관을 극복하고 연인이 되어 결혼했다는 사람도 있다. 그러나 세컨드였다는 사실이 사라지지는 않기 때문에 평생 뇌리에 박혀 지워지지 않는 상처로 남게 된다. 결국은 상대를 용서했다고 생각만 했을 뿐, 속에 남아 있던 원망이 세월과 함께 부풀어 더 이상 감출 수 없게 되었다고 고백하는 사람도 있다.

상대가 피운 한 번의 바람을 용서할지 말지도 비슷한 문제라고 할 수 있다. 단 한 번의 파울이라도 레드카드를 꺼내들어 상대를 자신의 인생에서 퇴장시키는 단호한 사람도 있다. 그건 그것대로 좋다. 그러나 아무리 옐로카드가 쌓여도 레드카드를 내밀지 못하는 사람도 있는 법이다.

물론 이건 여성이나 남성 어느 한쪽에 국한된 이야기가 아니다. 상처받는 일에 성별이 따로 있을까.

이 문제를 도덕적으로 처리하려고 했다면 '애초에 누가 나빴던 걸까, 용서해야 하나 하지 말아야 하나'가 된다. 세상에서 말하는 '합의'라는 것도 과거의 귀책사유를 비율로 결정하여, 어느 쪽이 머리를 숙여야 할지를 정하려고 한다.

어느 쪽이든 대단한 난센스일 뿐 진리는 아니다.

인간이 둘이라 하여 흑백으로 나눌 수 있는 게 아니다. 양쪽 다 나쁘고, 양쪽 다 옳다.

이런 미묘한 문제는 서로 대화를 나누는 것만으로는 해결되지 않는다. 그럼에도 둘이 함께하고자 마음먹었다면 '대화를 나누는 것만으로는 해결이 되지 않네'라는 해결을 볼 수밖에 없다.

연인의 엇갈림은, 양쪽의 불평에 다 눈살이 찌푸려져도 양쪽의 불평이 다 옳을 때, 그 아픔이 최대화된다. 그렇다면 어떻게 하면 좋을까? 안됐지만, 두 사람은 이때 아무것도 할 수 없다. 하지만 무언가 말싸움을 시작했을 때 '양쪽 다 나쁘지만 양쪽 다 옳다'고 하는 전제를 서로 장착하고 있는 사람들끼리라면, 비록 화해는 어렵다 해도 이해는 빠르다.
쓸데없는 말싸움은 할 필요가 없다. 가장 나쁜 결말은, 그 말싸움을 인격 부정으로까지 발전시켜 서로 너덜너덜해지는 것이다. 이혼에 관한 대부분의 소설이나 영화가 이런 장면에 대폭적인 시간과 품을 할애한다. 그러나 '양쪽 다 나쁘지만 양쪽 다 옳다'고 하는 전제를 인정하면, 불필요한 말싸움은 한 번으로 족하다. 두 번 다시 하지 않아도 된다. 어쩌면 한 번도 할 필요가 없을지 모른다.
'양쪽 다 나쁘지만 양쪽 다 옳다'는 진리는, 확실히 시험에는 나오지 않지만 분명 우리네 인생에서는 꼭 필요한 팁이다. 별표 딱! 밑줄 쫙!

✳
167

연애 따위 하기보다
고양이를 키우자

연애 따위 하기보다 고양이를 키우자.

까닥하면 고얀 언쟁이 되겠지만, 중요한 일이니 계속하자.

일단, 남들에게는 시시한 이유로 들리겠지만 어쨌든 당신은 그 시시한 이유로 죽을 수 없게 된다. 매일 아침 강제로 일찍 일어나게 되는 바람에 여유라도 생기면 왕창 자게 된다.

아주 불안정한 정신과 함께하기 때문에 정신이 안정된다. 뭐든 파괴당하기 때문에 집 안이 오히려 정리된다. 불필요한 물욕과 여행욕도 사라질 거다.

대신 적금 의욕은 비약적으로 올라간다. 알뜰히 자기 신체를 점검하는 고양이의 미의식이 당신에게 머물게 될 것이다. 겨울엔 따뜻하다. 그리고 무엇보다 자주 웃게 된다.

단 하나, 디메리트가 있다. 죽음을 보게 되면 큰 슬픔에 빠진다. 하지만 죽기 직전에 행복했다면, 그 일생은 모두 행복했다고 말할 수 있다.

168

20대에 경험해서 좋았던 일 1위

개인적으로 20대에 경험해서 좋았다고 생각하는 일 1위는 '고양이를 키운 것'이다.

그러나 이는 내가 형이상학적인 고양이 왕에게 머리를 완전히 지배당했기 때문일 가능성이 높다. 만약 고양이를 제쳐놓는다면, 20대에 경험해서 좋았다고 생각한 1위는 '누군가와 함께 산 것'이다.

왜 그렇게 생각하느냐와 같은 불순한 질문은 하지 마라.

그렇게 즐겁고, 괴롭고, 더할 나위 없이 무의미하고, 사소하고, 하찮은 사랑스러움을 나는 일부러 언어화하고 싶지 않다.

169

하늘색 모래시계

어차피 금방 헤어질 텐데 지금은 함께 있는 것만으로 좋지 않아? 헤어져도 헤어진 사실은 줄곧 계속되고, 좋고 싫음도 질렸다는 말도 신용할 수 없고, 결국 다른 사람과 비슷한 일을 반복할 거면, 일단 지금은 함께하는 것으로 좋지 않아?
그런 말을 한 적도, 들은 적도 있다.
하지만 결국, 헤어졌다. 헤어져서 다행이다. 그래…… 헤어져서 다행이고말고.

170

불장난 종료 선언

결혼이 어울리는 남자란, 그다지 인기가 없고, 모범생에 성실하고, 외출을 별로 좋아하지 않고, 조금은 온화하고, 조금은 게으른 사람이다. 가령 당신이 머리색을 바꿔도 네일숍을 다녀와도 눈치 채지 못하는, 옷이 촌스러워도 구두가 더러워도 "뭐, 괜찮네."라고 말해주는 사람이다.
결혼이 어울리지 않는 남자란, 외출을 아주 좋아하고, 휴대폰도 가전도 최신 제품이 아니면 성에 차지 않는 사람이다. 섬세하고 살뜰하기 때문에 당신의 변화도 금방 눈치 챈다. 멋을 부리면서도 사심이 없으니 더욱 인기가 있고, 자신의 인기에도 딱히 질리지 않는 사람이다.
내가 하고 싶은 말은 '인기 있는 남자가 최고!' 또는 '인기 없는 남자가 최고!'라는 게 아니다.

'남자에게 행복을 원하는 것은 이제 그만둬!'라는 말이다.

171

실연의 끝에

나는 스스로를 '일단 좋아하게 되면 다시는 그 사람이 싫어지지 않는 타입'이라고 생각했다.
실연은 일생 계속되는 것이라고, 멋대로 생각했다.
하지만 얼마 전 예전의 연인과 만나 대화를 나누었을 때, 내가 어떻게 이런 사람을 좋아했었는지 전혀 기억이 나지 않았다. 그때 바보처럼 실연에 끌려 다녔던 나는 완전히 없었다, 아니, 죽어버렸다.
'더 이상 외롭지 않은 것만이 외롭다'고 생각했던 순간마저 더는 생각나지 않아 슬프다. 그렇지만 내가 이렇게 멀쩡해지기까지 만난 멋진 사람들과의 멋진 관계를 생각하면, 인생이 허무하다고는 도저히 생각할 수 없다.

무언가를 잊었다는 건, 다른 무언가 멋진 일들을 기억하기 때문이라고 믿고 싶다.

172

결혼할 것도 아니면서 사귀는 의미

'결혼할 것도 아니면서 사귀는 데 의미가 있을까?'라고 느끼는 사람은, '섹스할 것도 아닌데 한집에서 사는 의미가 있나'라든가 '아이를 만들 것도 아닌데 결혼을 유지하는 의미가 있나, 아이도 다 컸고 딱히 서로 좋아하지도 않는데 부부를 계속 연기할 의미가 있나'라고 느끼게 된다.
이 무의미한 쓴맛은 어느 순간 반드시 인생을 덮쳐오는 법이다. 대단한 바보와 대단한 바보가 대단한 바보처럼 서로 사랑하고 있는 경우는 예외로 치더라도.
나는, 좋아하는 사람과 같은 시대를 살고 있는 것에는 반드시 의미가 있다고 생각한다.
가령 그 사람을 좋아하는 것이 아무리 힘들더라도.

만약 아무리 노력해도 함께하는 삶에 더는 아무런 의미를 읽어 낼 수 없다면, 스스로가 싫어질 정도가 된다면, 당당하게 '혼자'로 돌아오면 된다.

173

하지만 그게 아무런 도움도 되지 않아서 다행이야

고베의 지인과 친구의 정의에 대한 이야기를 하고 있던 때였다. 그는 "하고 싶은 이야기를 내가 원하는 단어 그대로 이야기할 수 있는 상대가 친구다."라고 즉답했다.

"와, 정말 너무 멋진 정의인데!" 나는 솔직하게 감탄했다. 물론 이 대화 전후의 문맥은 위스키를 스트레이트로 몇 잔이나 마신 상태라 전혀 기억이 나지 않는다.

그리고 또 다른 날의 밤.

이날도 전후는 기억나지 않는다. 다만 담뱃잎을 종이에 둘둘 말면서 했던 그의 말만은 정확히 기억난다. "어쩌면 우리들은 20대 때, 두세 번 정도 죽을 고비를 넘겼는지도 몰라. 하지만 지금 이렇게 살아서 술을 마시고 있어. 어쨌든 죽지 않아서 다행인 거지." 현실적으로 서너 번 정도 죽을 뻔했던 이야기는 여기에서 피력하지 않겠다. 누구에게든 사신 비슷한 건 찾아오니까, 그런 일 자체는 평범하니까 말이다.

어쨌든 죽지 않아서 다행이다.

얼마나 멋진 대사인가. 다시 한 번 그렇게 생각했다.

이미 나는 그를 지인으로 나누어서는 안 되었다. 친구다, 라고 그때 생각했다. 그 또한 그런 이야기를 하고 있는 자신에게 놀란 듯했다. 종이로 만 담배를 한 손에 들고 나를 쳐다보는 그의 눈에 그의 속마음이 담겨 있었다. 누구에게도 말하지 않은 채 끝내버릴 예정이었던 이야기를 해버린 모양이다.

'하지만 그게 아무런 도움도 되지 않아서 다행이야.'

그때의 일을 돌이키며 그는 트위터에서 그렇게 말했다.

정말 그렇다.

남자가 남자에게 무언가 멋진 말을 하는 것만으로는 정말 아무런 도움도 되지 않는다.

그리고 살면서 생기는 99퍼센트의 일은, 참으로 무의미한, 도움이 되지 않는 일의 반복이다. 가령 우리들의 대화처럼, 서점에 산처럼 쌓여있는 책처럼…… 혹은 이 책처럼, 99퍼센트는 아무런 도움도 되지 않는다.

이렇게 무의미하고 도움이 되지 않을수록 '사치'라고 이름 붙일 만하지 않은가. 그렇다면 그 사치를 가능한 많이 누려, 하나하나 전부 긍정하는 것이 우리들의 '무의미한 인생'에 대한 멋진 발버둥이 아닌가. 나아가서는 그 발버둥이 최고의 인생으로 만드는 것이 아닌가.

이런 생각 또한 무의미한 것일까? 아니, 이것으로 충분하다고 나는 생각한다.

174

365일 생일로 삼자

"오늘 제 생일인데 무엇을 해야 할지 모르겠어요. 무엇을 하면 좋을까요?" 인터넷을 통해 일면식도 없는 사람에게 이런 종류의 말을 자주 듣는다. 하고 싶은 대로 하면 된다. 파도가 치는 물가에서 울고, 맨손으로 케이크를 먹고, "나님의 생일을 축하하라!"며 친구에게 소리를 쳐도 좋다. 자위든 섹스든 좋을 대로 하면 된다. 앞으로 1년 후엔 죽는다고 가정하고, 버킷 리스트를 대폭 갱신하는 것 또한 하나의 여흥이 된다. 이런 것도 다 생일이기 때문에 의미가 있다.

그러나 근본적으로 생각해 보면, 좀 더 의미 있게 보내는 방법도 있다.

우리들은 사실 365일을 생일로 사는 게 맞다.

"부모에게 어버이날을 잊게 만드는 것, 그것이 최대의 효도."라고 했던 미시마 유키오의 말이 떠오른다. 그렇다면 생일에 하고 싶은 일이 전혀 떠오르지 않을 정도로 매일 특별하게 보내는 것 또한 최대의 자기 사랑 아닐까. 왜냐하면 최악의 상황은 언제나 갑자기 뜻밖의 방향에서 다가오기 때문이다. 그렇다면 작은 사치도, 미지의 세계에도 내 발로 스스로 뛰어들어야 한다.

여러분, 생일 축하드립니다.

오늘은, 인생에서 가장 새로운 날입니다.

인스타그램에 올릴 필요도 없을 정도의 행복.

175

결혼은 연애의 무덤이지만,
무덤에서는 별이 보인다

도쿄의 아오야마 공원묘지에서는 맑은 날 밤이면 별이 보인다. 도심에서는 생각할 수도 없는 양의 별이 쏟아진다.

봄에는 벚꽃도 아름답다. 게다가 사람도 없다. 여름에는 유성도 보인다. 혼자서도 볼 수 있다. 물론 두 사람이라도 볼 수 있다.

'결혼은 연애의 무덤'이라고들 한다. 결혼하면 섹스도 하지 않게 된다. 키스도 하지 않게 된다. 손도 잡지 않게 된다. 상황에 따라서는 서로 나쁜 곳만 눈에 띄어 열 받는 일도 많겠지만, 그래도 가끔은 키스하는 게 좋을지 모른다. 손을 잡는 게 좋을지 모른다. 기분 나쁘단 소리를 들어도 스킨십은 하는 편이 좋을지 모른다. 왜냐하면 여기는 묘지이고 기분 나쁜 장소이기 때문이다.

영화 <시드와 낸시>의 헤드 카피는 '묘지에서의 딥 키스'였다. 묘지라고는 해도 산책을 한들 상관없다. 대화는 가끔 끊겨도 되지만 단념해서는 안 된다. 묘지는 무서우니까. 아무리 노력해도 타협의 여지가 없다면 헤어져도 상관없다. 하지만 묘지에서는 본 적도 없는 별이 보인다. 아주 한순간일 수는 있지만…….

176

중대한 인생 결단을 내린 세 남자의 이야기

슬픈 이야기지만, 맞는 이야기를 하려고 한다.
콕 집어 말할 수는 없지만 뭔가 안 맞는 것 같다는 이유로 7년 사귄 연인을 찬 남자가, 어느 날 유락초의 한 술집에서 혼자 술을 마시고 있었다. 그때 옆 테이블에 엉성한 젓가락질을 하고 있는 여자가 보였다고 한다. 사실 그의 시선이 그쪽으로 쏠린 건, 그 또한 잘못된 젓가락질로 인해 어린 시절부터 부모에게 질타를 받아왔기 때문이다.
그리고 두 사람은 반 년 후에 결혼하게 된다.
또 한 사람, 막 이혼한 중년 남자가 있다. 그는 이혼하자마자 대형 오토바이와 미제 자동차를 사서 시간 날 때마다 무작정 국토를 달렸다고 한다. 전 아내가 젊은 날 그의 취미를 몹시도 싫어하여 못하도록 금했기 때문이었다. 그 또한 같은 취미를 가진 여성과 필연적으로 만났고, 지금은 두 아이의 아버지다.

얼마 전, 이제 막 결혼한 친구에게 "결혼을 결심한 계기가 뭐였어?"라고 물었다. 그는 오코노미야키를 물끄러미 바라보며 조금 쑥스럽다는 듯 "더 이상 실연당하고 싶지 않아서."라고 대답했다. "뭐야? 겨우 그런 이유로 결혼을?"이라고 말하려다가 "아니다, 그런 이유만으로 충분히 결혼할 수 있지." 하고 나는 생각을 고쳐먹었다.

이 이야기를 내게 들은 다른 친구가 맥주를 단번에 비우더니 "역시!" 하고 말했다. "진짜 중요한 건 인터넷에 올라와 있지 않다니까."

나는 마음속 깊이 동의했다.

사실 위에서 서술한 사연들은 셋 다 너무 사소하고, 너무 개인적이어서 보편화할 수도 없다. 로맨틱하지도 않지만 난센스라고도 할 수 없다. 그저 현실적인 이야기일 뿐이다. 그러나 그 사연들 당사자에게는 꽤나 중대한 인생의 결정적 사건이며, 동기이고, 진실이라는 사실이다. 만약 이 세 남자의 이야기를 내 나름의 한 가지 지견으로 요약하라면, 이렇게 된다.

'결혼 같은 건 경솔하게 해버려도 된다.'

177

이혼은 어떤 느낌입니까?

“이혼은 어떤 느낌입니까?” 언젠가 이혼 경력이 있는 상사에게 물은 적이 있다. 그가 재혼 상대와 요코하마의 해변 호텔에서 결혼식을 올렸을 때, 축의금으로 3만 엔이나 냈으니 내게 그 정도는 질문할 권리가 있었다.

“좀 더 잘, 행복하게 해줄 수 있지 않았을까 생각하지. 하루에 두세 번, 아니, 일곱 번 정도. 어느 순간 갑자기 그런 생각이 들곤 해. 하지만 그럴 수 없었고…… 그 마음을 줄곧 짊어지고 살아간다는 느낌이야.”

태양이 내리쬐는 한낮, 시부야의 한 커피숍에서 그는 조금씩 단어를 고르며 그렇게 말했다. 전처에게는 매월 생활비를 보내고 있고, 아이와는 어쩌다, 정말 어쩌다가 만난다고 했다. 여기에서 신경 쓰이는 것은 '그는 왜 이혼했는가'인데, 그런 것은 대체로 '음악성의 결정적인 다름'으로 설명할 수 있다. 일부러 묻는 것은 촌스러운 일이다.

그런 이야기를 여성 친구에게 했더니 "그래서 남자는 안 되는 거야!" 하고 딱 잘라 말했다. "여자는 과거의 남자 따위 1초도 생각하지 않아. 남자는 그걸 모른다니까. 무슨 추억 미화 위원회도 아니고 말이야."라고 쏟아내는 것이었다. 하지만 전 남자친구를 잊지 못한 채 다른 남자와 결혼한 여자를 나는 몇 명이나 알고 있다.

'그것을 줄곧 짊어지고 살아간다'고 하는 사람의 말에 대하여 나는 이런 생각을 한다.

이혼해도, 회사에서 잘려도, 인생은 계속된다. 암에 걸려도, 배우자와 사별해도, 인생은 계속된다. 배는 고프다. 갑자기 샴푸를 바꾸고 싶은 때도 있다. 새로운 음악에 어깨가 들썩일 때도 있다. 저질 농담을 하고 싶어지는 때도 있고, 잘 차려입고 거리를 거닐고 싶은 때도 있다. 인간은 귀엽게도 언제나 두근거리며 살고 싶어 한다.

한 번 불행을 겪었다고 해서, 한 번 상처를 입었다고 해서 우리들이 줄곧 불행해야만 할 이유는 어디에도 없다.

이혼 경력이야말로 떠벌려도 된다. 실직자야말로 술을 마셔도 된다. 맛있는 닭꼬치를 먹어도 된다. 암 환자야말로 폭발해도 된다. 멋지게 차려입어도 되고, 글을 써도 되고, 사진을 찍어도 되고, 이야기를 해도 되고, 소리쳐도 된다. 배우자와 사별했다면 그야말로 새로운 연애를 해도 된다. 가끔 울어도 된다. 인생은 짧다.

소중한 사람을 잃었다면 한 세 배쯤의 강도로 살아가자. 다음은 항상 있다.

그런 일들을 산문적으로 생각한다. 불행, 딱히 잊지 않아도 되지 않을까…… 하는 마음으로.

178

초법규적 착오의 한 예로

논리가 중요한 게 아니다. 사실이 중요한 게 아니다.

논리의 비약이 중요하다. 사실을 뛰어넘는 확신이 중요하다.

179

사랑이란, 주어를 잃어버리는 일

하려고 생각도 안 해봤던 일을 무의식중에 해버리는 것이 사랑 아닐까? 보고 싶어 와버렸어, 소중한 거지만 줘버렸어…… 그냥 그것으로 좋았다.

정해진 모습으로 있던 자신이 아름답게 부서져 가는 것 또한 사랑 아닐까? 좀 더 냉혹했어야 했다. 기대하지 않아야 했다. 존재하지 않아야 했다.

사랑이 뭘까 생각하는 것도 사랑이라면, 그 이빨을 숨겨주려나?

주어를 완전히 잃는 것. 그것이 사랑이라고 생각한다.

나는 평생 나 자신을 잃기 위하여 태어났다고 생각한 적이 있다.

180

나의 사소한 말들로

잊기 십상이지만, 만약 좋아하는 사람이 있다면 칭찬하는 것이 좋다.
자는 얼굴이 귀엽다든가, 잠꼬대가 재미있다든가, 화를 내는 것도 멋지다든가…… 보잘것없는 일들을 칭찬하는 것이 좋다. 가능한 여러 단어를 전부 사용하여, 가능한 사소한 순간에 말해주는 게 좋다. 왜냐하면 당신도 상대방도 내일 살아 있으리란 보장은 없으니까. 본인이 꼴사납다고 여기는 부분을 지켜주면 된다.
"그런 부분이 촌스럽지만, 너무 귀여워서 미워할 수가 없다니까."라면서.
그것이 언젠가 상대방의 자신감이 되면 좋겠다고 생각한다. 가령 내가 없어져도 나의 사소한 말들이 상대방의 마음을 지킬 수 있을지 모르니까. 가능하면, 내 말을 떠올리지 않으면 안 될 만큼 곤란해지는 순간이 오지 않았으면 좋겠다고 기원하면서.

181

나의 행복론

'행복이란 뭘까?' 생각하고 있는 시간은, 틀림없이 행복하지 않다.
물론 토요일 한낮에 맘에 드는 부츠를 닦거나, 좋아하는 옷을 입고 거리를 걷거나, 비 오는 날 방에서 좋아하는 향수를 뿌리고 영화라도 보고 있으면, 분명 행복하다. 그러나 셔츠 소매에 이상한 얼룩을 발견한 순간, 기분은 곤두박질친다. 시간이나 때우려고 훑어보던 트위터에서 말도 안 되는 발언에 '좋아요'가 붙어있는 것을 보게 되면 인간 사회 전체에 진절머리가 난다. 바보 같지만, 실제로 바보이니 어쩔 수가 없다.
그래도 생각해 보면…….
아무리 냉정하게 생각해도, 어떤 행복이나 불행도, 한순간에 무너져버릴 정도로 부서지기 쉽다.

어쩌면, 하고 나는 또 생각한다.
우리는 행복과 불행, 그 제트코스터 사이에서만 인생을 인식할 수 있는 건 아닐까? 그렇다면 행복이라는 건 중요하지 않다. 불행이라는 것도 큰 의미는 없다.
그 불행에서 행복, 행복에서 불행으로 바늘이 돌아가는 순간, 혹은 어느 쪽으로 바늘을 돌려야 할지 모르는 순간, 즉 '마음이 움직이는 순간밖에 기억할 수 없게' 생겨먹은 건 아닐까? 이미 죽어버린 줄 알았던 마음이 갑자기 강하게 뛰는 순간. 지금 살아 있다는 것을 느끼게 하는 순간.
오늘은 아무 일도 일어나지 않아 평화로웠다. 그래서 언젠가는 잊어버리겠지.
하지만 내일이야말로 무언가 좋은 일이 생길지도 몰라. 혹은 그 반대를 원하는 사람도 있을 것이다. 그런 어슴푸레한 기대로 우리는 어떻게든 죽지 않고 살고 있는 게 아닐까? 그렇다면 우리는 행복이든 불행이든 마음이 움직이는 그 순간에 자기의 모든 감성을 걸 듯 살아야 하는 게 아닐까?
그런 생각을 해본다. 그렇다고 뭐 어쩌라는 건 아니고.

182

만약 이 세계에 100명의 인간만이 존재한다면

행복한 인간이 한 명 정도는 있다.

행복해지고 싶은 인간이 90명 정도 있다.

행복해질 수 없는 인간이 여덟 명 정도 있다.

행복도 불행도 존재하지 않는다고 깨달은 인간이 한 명 정도는 있다.

183

결혼식에는 안 가도 된다

결혼식이, 싫다.

싫은 정도가 아니라 꽤나 미워하고 있다.

둘이 알아서 화성이든 수성이든 갔다 오면 될 것을 왜 자꾸 사람을 오라 가라 하는지…. 농담이 아니다. 신랑 신부가 키스를 하고 케이크 자르고 하는 모습을 3만 엔이나 내면서 볼 가치는 없다. 단언컨대, 없다. 귀중한 주말을 허비하여 그것을 보아야만 하는 내가 오히려 접대비로 3만 엔을 받아내고 싶을 정도다.

그러나 세상에는 혁신적인 신혼부부도 있는 듯. 교회도 호텔도 아닌 클럽을 빌려 식을 올리는 괴짜도 있다고 한다. 친구의 친구까지 부르고, 푸짐하게 술과 안주도 준비하고, 기타 치는 사람은 기타를 치고, DJ 가능한 사람은 DJ를 보고, 마지막에는 모두가 합창을 하며 춤을 추었다고 한다.

이런 결혼식이라면 좀 가보고 싶을지 모르겠다. 남에게 폐를 끼치려면 이 정도까지 파고들어야 제대로인 거다. 거리낌없는 파티가 이 정도라면 싼 거다. 그런데도 결혼식을 하는 대다수 커플들은 왜 그리 보수적이고 형식적인지, 누구든 몹시 똑같다.

나는 결혼식을 진행할 예정이 없다. 그래서 축의금을 낸 만큼 돌려받을 일이 없다. 지긋지긋하다. 물론 나 말고도 역시 결혼식에 회의적인 이들은 있어서 결혼식 대신 비용을 전부 해외여행비로 사용하는 친구도 있고, 예식비로 살림살이를 장만하는 커플도 있다. 고양이를 한 마리 산 커플도 있다. 모두 영리하다고 생각한다. 맘대로, 자유롭게, 있는 그대로 행복해지길 바란다.

그러니 이제 결혼식에는 가지 않는다. 초대를 받아도 가지 않는다. "알아서들 해!"라고 친구 모두에게 미리 말해두었는데 "안 돼, 와!"라며 막무가내인 친구가 있었다. "친구 대표로 축사 좀 부탁해!"란 소리에 세 번을 거절해도 "해줘!"라며 거절을 거절당하기도 한다.

"무슨 말을 할지 각오해야 할 거다!"라며 나는 거절당한 거절을 분풀이했다. 그래서 당일 내가 한 스피치가 다음과 같다.

친구 결혼식 축사 전문

요코 씨, 결혼 축하드립니다.
지금 바로 제가 결혼해 달라고 청하고 싶을 만큼 아름답습니다. 순백의 드레스를 입은 모습은 어떤 말로도 표현할 수 없을 정도입니다.
그리고 유스케, 결혼 축하한다.
방금 소개 받은 F입니다. 신랑인 유스케와 저는 중학교 1학년 때부터 친구입니다.
보통 친구 대표의 인사라는 건 친구의 요모조모를 칭찬해 마지않고, 추억의 이야기보따리를 풀어놓는 것이겠지요. 그러나 앞서 유스케의 회사 상사분이 말씀해주신 것처럼, 또한 대학 은사분의 말씀처럼 유스케에게는 딱히 이거다 싶을 만한 칭찬할 점이… 없습니다. 오히려 그는 공공연한 스킨십으로 모두에게 사랑받는, 그 애교만으로 세상을 파괴해온, 기적과도 같은 매력을 지닌 남자입니다.
그러나 오늘은 일생에 단 한 번뿐인 그의 특별한 날. 아무리 평소 유스케를 좋아하지 않는 저지만, 본인 결혼식에 칭찬 한마디 듣지 못하는 것을 아주 불쌍히 여겨 지금이라도 급히 칭찬할 만한 것을 찾아봐야 하나, 아니면 그와 관계없는 어디까지나 현실적인 시국 이야기를 할까… 저는 지금 많이 망설이고 있습니다.
신랑 유스케 씨는 어느 쪽을 원하시나요?
("시국에 맞는 이야기가 좋아!"라는 신랑)
알겠습니다. 그럼, 화내지 말고 들어주세요.
아마도 신랑 신부가 지금 가장 듣고 싶지 않은 말 1위가 코로나 바이러스일 겁니다. 식을 연기하는 편이 좋지 않겠냐는 말도 귀가 아플 정도로 들었겠지요. 아직 코로나가 극에 달하진 않았지만, 내년 3월쯤엔 장담할 수 없을 겁니다. 저는 결혼식을 취소하는 게 낫겠냐는 유스케의 상담 전화도 몇 번 받았습니다. 결국 어른들 사정으로 결혼식을 강행할 것 같은데, 이런 때라도 와주겠냐는 말도 들었지요.

저는 이렇게도 위험하고 의구심이 만연한 시대에, 그것도 한 여성과 남성이 서로 처음 만나, 신뢰하고, 둘이서 내딛기로 정한 것, 그날이 우연히 이런 시국에 걸린 것, 그럼에도 불구하고 이렇게 많은 분들이 두 사람의 시작을 축하해주기 위해 참석해주신 것, 그리고 많은 관계자 분들이 이렇게 애써주고 계신 것… 이러한 것들에 무언가 비꼬는 말 한마디쯤 하는 것은 아주 간단한 일이지만, 나는 여기에 한 가지 커다란 의미를 찾고 싶습니다. 물론 이전엔 없었던 신체의 위험을 무릅쓰고 여러분이 여기에 오신 것도 있지만, 아니, 그것과는 또 다른 하나의 커다란 의미를 찾고 싶습니다.

이렇게 결혼식에 참석해주신 자리에서마저도 코로나 이야기를 하는 무신경한 인간이 여기에 있네요. 저는 아주 진절머리가 나서 텔레비전을 끄고, 스마트폰을 테이블 위에 올려놓고, 그런 다음 눈을 감고 생각했습니다. 대체 우리들은 무엇이 무서운 것일까, 대체 무엇이 가장 무서운 걸까, 하고 말이지요.

그것은 명백합니다. 특효약이나 백신이 아직 없는 게 두려운 것이 아닙니다. 양성·음성을 모르는 게 두려운 것도 아닙니다. 어느 날 모르는 사이, 코로나에 걸려서 혼자 고꾸라지는 것이 두려운 게 아닐까 싶습니다. 사실 저 또한 이런저런 일을 겪다 보니, 죽는 것 자체에는 그다지 두려움을 느끼지 않습니다. 하지만 죽음 따위 대수롭게 여기지 않는 저마저도 가장 소중한 사람에게 코로나를 옮기게 될까 두렵습니다. 소중한 사람이 억울한 상황을 겪게 될까 봐 두렵습니다.

서로 떨어진 채 어느 한쪽이 유명을 달리한다면 어떻게 될까요? 이런 상황일수록 오히려 둘이 함께해야 하지 않을까요? 그런 결론을 내려서 동거나 결혼을 시작한 커플이 3·11(동일본 대지진) 직후에 40퍼센트나 늘었다고 합니다. 저는 그들의 결단을 아주 타당한 일이라고 생각합니다.
이 이야기를 조금 더 펼쳐봅시다.
결혼 상대는 '건강한 건 기본이고, 성실한 사람이 좋다'고 하는 사람이 있습니다. 성실함은 돈으로는 살 수 없습니다. '그 사람에게는 한 조각 순수함이 있으니까'라는 이유로 끝까지 이혼을 택하지 않았던 분이 계시죠? 예, 여러분도 잘 아시는 고(故) 키키 키린(樹木希林) 씨입니다. 그 위대한 여배우는 파트너에게는 아무것도 원하지 않는다고 했습니다. 돈이나 명예 뭐든 그녀는 이미 가지고 있었으니까요. 당연히 이 자리에는 없을 거라 생각하지만, 부자가 좋다는 여자도 있습니다. 글래머러스한 여자가 좋다고 말하는 천박한 남성도 역시 저를 제외하고는 여기에 없으시겠지요. 젊은 분들은 '톡 문체가 어울리는 사람이 좋다', '대화가 끊이지 않는 사람이 좋다'라는 사람도 있습니다. 사실 이것 또한 건강이나 성실함과 마찬가지로 중요한 부분일지 모르겠네요.
다시 두 사람의 이야기로 돌아옵시다.
아마도 여기 두 사람은 서로 몇 개의 장애물을 느긋하게 넘어서 지금 여기에 앉아 있겠지요. 혹은 그런 장애물 따위 과감하게 다 부셔버리고 여기에 있는지도 모르겠네요. 그러나 그런 두 사람이라도 아직 한 가지, 극단의 장애물이 있습니다. 저는 오늘 그 장애물에 대하여 이야기하고 싶습니다.

스무 살 때 만난 대학 동창이 있습니다. 지금 출판 편집자로 일하고 있는 전형적인 문학청년으로, 미시마 유키오(三島由紀夫)나 무라카미 하루키(村上春樹)를 읽을 때마다 그 감상 배틀, 해석 배틀로 하룻밤 내내 달리곤 했습니다. 담배를 피울 때도 술을 마실 때도 오토바이를 탈 때도 늘 함께였지요.
그런 그가 어느 날 좋아하는 사람이 생겼다고 고백하는 겁니다. 뭐 흔한 일이지만, 저는 그가 좋아하는 그녀에게 열심히 부채질을 해서 그 후 두 사람은 완벽한 연인이 되었지요. 그들은 4년 후에 결혼했고, 그로부터 또 4년이 지난 지금, 그는 두 아이의 아빠가 되어 있습니다. 아이들이 얼마나 영특하고 귀여운지는 여기에서 피력할 생각이 조금도 없으니 안심하십시오.

실은 그가 첫아이를 낳기 전날, 저는 갑자기 그의 전화를 받고 불려 나갔습니다.

"지금 바로 너랑 마시고 싶어." 거의 우는 목소리로 말하는 친구의 부탁을 거절하지 못하고 저는 하던 일을 팽개친 채 그를 만나러 갔습니다. 그는 이미 잭다니엘 한 병을 다 비우고, 더러운 간다 강가에, 벚꽃도 없는 간다 강가에 혼자 서 있더군요.

"왜 그래?" 하고 묻자 "그게 말야…" 하고 그는 말문을 열었습니다. "지금 너무 외로워서, 외로워서 미치겠는데… 기뻐서, 기뻐서 그런 거야. 기쁘지만… 기쁘지만 허무해져서, 허무하다고! 근데… 허무한데… 뭔가… 잘 모르겠지만, 너무너무 행복해."

아이라는 것이 멀쩡한 한 남자를 그렇게 만든 것에 제가 감동한 것이 아닙니다. 사랑하는 여자가 누군가의 어머니가 되고, 자신 또한 멍청한 한 남자에서 아버지가 되어야만 하는데, 몸은 어디 한 군데 출산의 아픔이 없다는… 그 외로움에서 나온 말이란 생각이 든 겁니다. 한 사람의 인간이 모순투성이인 자신을 감추려고도 하지 않고, 표현이 되지도 않는 말로 나에게 전하려고 했던 일. 흑도 백도 아닌, 희로애락도 아닌, 참으로 미묘한 감정이 한 인간을 어찌할 수 없는 상태로 만드는 상황을 처음으로 직접 목격했다는 것에… 진하게, 충격으로 다가온 겁니다.

희로애락 어디에도 이름 붙일 수 없는, 흑도 백도 아닌 것, 적도 아니고 아군도 아닌 것, 그러나 한순간 적처럼도 보일 수 있는 이 무언가를 저는 '문학의 영역'이라고 부르기로 했습니다. 간단하게 한 행으로 표현할 수 없는,

경계조차 모호한 그 현상을 저는 '문학의 영역'이라고 부르기로 한 것입니다.

왜 이런 이야기를 이리 길게도 하는 것일까요.

저는 결혼 또한 '문학의 영역' 그 자체라고 생각합니다. 예가 나쁠지도 모르지만 '네가 나빠!'라고 말하고 싶어지는 순간은 함께 생활하다 보면 무수히 많을 겁니다. 그러나 '네가 나빠!'라고 말하고 싶어질 때야말로 본인이 나쁜 경우가 많고, '내가 옳다!'고 우기고 싶은 때야말로 본인이 전혀 옳지 않은 경우가 많습니다. 그렇다면 우리들은 과실의 비율을 정해서 어느 쪽이 사과를 해야 할지 정해야 할까요? 51:49로 51이 옳다면 49는 완전하게 정의가 아닌 것이 되는 걸까요? 그 흑백을 정해버리면, 부부는 절대로 성립될 수 없다고 생각합니다.

대화로 해결할 수 없는 영역이라는 게 있습니다. 실로 지금의 시국처럼 어떻게 해야 좋을지 알 수 없고 근절할 수도 없는 병이 있는 것처럼. 그런 복잡한 것을 '문학의 영역'이라고 설정하고, 일단 곁에 두고 함께 살면서 정해야만 합니다.

'나도 복잡하고, 당신도 복잡하며, 우리를 둘러싼 세계는 더더욱 복잡하다. 따라서 일단 흑백을 정하는 것 자체를 미룬다.'

결혼하는 두 사람은 이를 전제로 하고, 계속 전제한 채로 살아가야 합니다. 저는 이를 아주 중요하게 생각합니다.

두 사람은 여러 사정을 감안하였으나 상황이 부득이하여 오늘 식을 거행하게 되었습니다. 저는 그 결단에 대하여 일부러 이렇게 콕콕 집어서 싫은 소리를 하고, 만약 무슨 일이 생긴다면 유스케에게 소고기를 3천 번은 얻어먹을 거라고 엄포를 놓았습니다. 하지만 저는 오늘 요코 씨의 최고로 아름다운 모습을 볼 수 있었던 것, 그 옆에 밉살스러운 미소를 띠고 있는 유스케를 볼 수 있었던 것을 마음으로부터 기쁘게 생각하고, 그 결단을 지지하는 바입니다.

세상은 여전히 어쩔 수 없는 것들이 많습니다. 어느 쪽이라고 정할 수 없는 것, 어느 쪽이라고 말할 수 없는 상황이 점점 더 넘쳐나고 있습니다. 하지만 그것은 줄곧 예전부터 있었던 겁니다. 우리들 마음속에서 줄곧 엄연히 존재하고 있던 것입니다.

이 위험한 시국은, 어쩌면 부부라고 하는 특수 관계의 난해함이나 재미에 비하면 어린애 장난과도 같을지 모릅니다. 어떤 말로도 표현하기 힘들고, 그러면서도 재미있고, 극히 위험하고, 잊기 어려운 날들의 관계를 두 사람은 즐겨주세요. 그리고 언젠가 모든 것이 안정되면, 도쿄에서 나와 놀아주세요.

말이 길어졌습니다. 오늘 초대해주셔서 감사합니다. 두 사람이 영원토록 행복하기를 기원하며, 저는 이만 물러갑니다.

✷ 끝내며 ✷

마지막으로,

유일하게 도움이 되는 지견을 아뢰고

이 책을 마친다.

이혼은 결혼보다 재미있다.

이상 끝!

죽고 싶다는 마음은 사라지지 않겠지만

초판 1쇄 인쇄 2023년 3월 9일
초판 1쇄 발행 2023년 3월 20일

지은이 F
옮긴이 박진희
펴낸이 정성진
펴낸곳 (주)눈코입(레드스톤)

전화 031-913-0650
팩스 02-6455-0285
이메일 redstonekorea@gmail.com

ISBN 979-11-90872-45-4 (03190)